Jean-François Colosimo

LA CRUCIFIXION DE L'UKRAINE

Mille ans de guerres
de religions en Europe

Albin Michel

© Éditions Albin Michel, 2022

À Laure et Jean-Christophe Buisson

Prologue

Nous sommes les enfants du siècle, vingtième de l'ère chrétienne, qui a semé conflits, camps et charniers sur toutes les faces de la Terre. Innombrables ont été les soldats tués sur le champ d'honneur et inhumés dans les nécropoles sacrées auxquelles tournent les cimetières militaires avant que l'ombre ne les recouvre et que leurs dormants ne trouvent définitivement la paix. Incommensurable demeure le nombre de civils assassinés, anonymes, privés de sépulture, jetés dans des fosses obscures, dont on ignore où et comment ils périrent, quelle fut leur dernière heure, si leurs ossements seront demain exhumés et si leurs mânes connaîtront finalement le repos. Comme à aucune autre période de l'histoire, l'extermination a pris force de loi universelle. De manière abyssale, nos aïeux ont appris que nul être humain ne peut se déclarer indemne de l'inhumanité.

Nous avons pensé qu'il suffisait de le savoir pour qu'il n'en soit plus jamais ainsi. Que les moins de cent ans écoulés entre le génocide des Arméniens d'Asie Mineure et le génocide des Tutsis du Rwanda, avec le génocide des Juifs d'Europe en leur mitan, relevaient de la parenthèse maudite et qu'il nous revenait de la clore une fois pour toutes. Nous avons été détrompés. Ou, plutôt, la créance que nous avions accordée à l'impératif moral, pariant qu'il comblerait le vide creusé par le silence divin, nous a illusionnés. Non pas que le sursaut éthique soit insignifiant mais il est impuissant, par lui-même, à surmonter le mal extrême. Il peine à transcender la terreur qui accompagne son irruption. Ne se satisfaisant pas d'immoler les corps, la violence absolue garde pour but ultime d'annihiler les esprits. La soumission qu'elle réclame est illimitée. Et n'a donc pour antidote que la liberté incessible que seule donne la promesse d'une forme ou l'autre d'immortalité. Celle qui fait défaut à notre âge désemparé, hanté par la crainte que le monde se consume sans que se profile un quelconque jour d'après.

La guerre inique, fratricide et criminelle que Vladimir Poutine a déclenchée contre l'Ukraine le 24 février 2022 est venue réveiller les stigmates de l'expérience totalitaire sur lesquels notre nature oublieuse avait jeté un voile. Subsistant enfoui dans les livres, le trou noir est réapparu béant sur le devant de la scène planétaire. Si vif a été notre sentiment de vertige qu'il nous manque encore aujourd'hui l'explication qui le dissiperait.

Jusqu'à ce qu'elle survienne, cette agression nous a paru impensable et seulement lorsqu'elle est advenue, nous avons pris la mesure des impensés auxquels elle nous obligeait à faire face. Ils sont nombreux. Ils relèvent de l'histoire enfouie, parfois oubliée, parfois occultée,

Prologue

de la grande Europe lorsqu'elle englobe d'un même mouvement son Est et son Ouest. Les pages qui suivent ambitionnent de lever quelques-unes de ces amnésies ou altérations contraintes ou consenties.

Ce livre a été entamé au cours du mois d'avril 2022 alors que la guerre d'Ukraine comptait déjà des semaines d'atrocités, des dizaines de milliers de morts sans que l'on puisse même établir leur nombre exact sous les tombereaux de ruines, ainsi que des millions de réfugiés qui, redevables de l'hospitalité reçue, restaient néanmoins inconsolables d'avoir perdu leur pays, leur maison, les leurs.

Lorsque ce livre a été achevé, la Maison Blanche, jusque-là prudente, venait de décider la livraison massive d'armements lourds à la résistance ukrainienne devant l'éventualité d'un retournement militaire qui ne devait pourtant qu'au courage d'une nation luttant seule contre un empire aux moyens démesurés. De son côté, le Kremlin, qui avait cadenassé le peuple russe dans le mensonge, dont l'offensive tournait à l'enlisement et dont les troupes semblaient toujours plus démoralisées, multipliait les discours erratiques, brandissait la menace d'une attaque nucléaire et agitait la perspective d'un troisième conflit mondial.

À l'effroi causé par un inexplicable déchaînement du mal est venue ainsi s'ajouter la terreur suscitée par un impensable appel à l'apocalypse. Des cavaliers porteurs des quatre fléaux qu'évoquait l'énigmatique révélation clôturant la Bible, nous venions de connaître l'Épidémie, connaissions la Conquête et nous préparions à connaître

La crucifixion de l'Ukraine

la Pénurie. En attendant l'Anéantissement ? Quelque chose de cette imagerie prophétique nous hantait et suscitait en nous moins qu'une certitude, mais plus qu'une intuition. Ce n'étaient pas uniquement les civilisations qui avaient à se savoir mortelles, le monde aussi.

Les événements qui ont suivi n'ont pu être intégrés dans ce livre. Le dénouement auquel ils ont abouti ou qu'ils continuent de quérir, une Ukraine libre, une Russie libérée, une Europe affranchie du spectre Poutine, ne constitue pas moins la raison de sa rédaction. Qui ne se connaît pas de passé ne se sait pas d'avenir. Et se découvre impuissant à écarter les catastrophes ou à éloigner leurs présages. On ne lira pas ici une chronique de l'actualité mais un essai de généalogie. L'ambition y est de tenter, un tant soit peu, d'éclairer par hier ce qui nous arrive aujourd'hui, quel est le sens de l'épreuve qui nous survient, d'où elle provient et pourquoi nous la vivons comme insensée. Or, si elle nous touche en notre tréfonds, c'est bien parce qu'elle touche à l'essence de notre condition. Des dizaines de mondes ont fini sans qu'advienne la fin du monde. Mais chacun d'entre eux qui s'est pris à redouter d'être arrivé à terme a connu un avant-goût du Jugement dernier. Nous avons saisi que l'Ukraine pouvait être le tombeau de l'Europe, ensevelie à jamais sous les pelletées de la contrainte de la force et de l'idolâtrie de la cruauté.

Tel est le visage de l'ultimatum que Vladimir Poutine nous a posé. Depuis son bunker hérissé d'ogives, le dernier tyran du Vieux Continent a décrété que l'Ukraine n'existe pas, qu'elle n'aurait jamais dû sortir

Prologue

du néant dont elle relèverait, qu'elle doit se dissoudre pour toujours au sein de la Russie qu'il dit être sienne mais qu'il n'hésite pas à conduire, dans le même temps, à sa destruction. Forcené, emporté par une rivalité vengeresse, le voilà prêt à éradiquer les racines dont il se prévaut et auxquelles il prétend vouloir revenir. En rayant de la carte le berceau où elles sont apparues. En administrant par le fer et le feu la confirmation que cet acte de naissance serait nul et non avenu. En réduisant à rien l'origine.

Or l'Ukraine existe. Il y a indéniablement une langue et une culture ukrainiennes. Il est surtout en Ukraine une mentalité et une sociabilité originales, une forme de slavité méridionale qui ont pour traits particuliers une religiosité quiète et une diversité féconde. Il y est bien allé, au cours des siècles, d'une agrégation d'ethnies, d'idiomes et de confessions à l'unité fragile. Mais aussi d'une ambition persévérante à constituer une entité indépendante. Cette volonté court en filigrane de la Rus' médiévale de Kiev, le lieu du baptême des Slaves orientaux en 988, à l'Hetmanat moderne de Ruthénie, la confédération des Cosaques zaporogues fondée en 1649, et aux Républiques contemporaines proclamées en 1917 puis en 1991, celle d'aujourd'hui ratifiée par un référendum auquel les Ukrainiens, nonobstant leurs particularités, ont répondu unanimement oui. Mille ans d'un fin tissage auquel Vladimir Poutine aura donné, à l'envers de son projet, la vigueur d'une cotte de mailles.

Ce droit irréfragable à être se double, plus vitalement encore, d'une vertu d'attestation irremplaçable.

La crucifixion de l'Ukraine

Plantée au centre de l'Europe, de sa géographie et de son histoire, l'Ukraine en a connu les pires tribulations. Comme son nom l'indique, qui renvoie à la notion de marches, limes et confins, elle aura été une bordure frontalière à l'échelle du continent, tour à tour tiraillée, écartelée, déchirée entre l'Est et l'Ouest, parce qu'elle n'aura cessé d'être un des lieux éminents de leurs confluences et de leurs conflictualités. Elle aura figuré au cœur de leurs discordes séculaires que Vladimir Poutine veut sceller en un éternel divorce.

Le territoire que couvre aujourd'hui l'Ukraine a éprouvé sur les mêmes mille ans où elle s'est cherchée, de la fin du xe siècle à la fin du xxe siècle, le choc des empires, des royaumes et des principautés. Khazars, Tatars et Varègues, Scandinaves, Polonais et Baltes, Turcs, Autrichiens et Prussiens, Britanniques, Français et Russes, bien sûr, l'ont transformé en un théâtre de leurs affrontements militaires, politiques et culturels. Il a servi d'arène à la confrontation entre les trois religions du Dieu un et unique, le judaïsme, le christianisme et l'islam, mais aussi entre les trois confessions chrétiennes, orthodoxe, catholique et protestante. Il a subi le déchaînement des deux totalitarismes, le rouge et le brun, qui ont fait de ces terres de tourbe des terres de sang.

Au fil des âges, les assauts des influences étrangères se sont succédé mais n'ont pas réussi à dénaturer le fonds des populations autochtones. Ils ont au contraire favorisé l'incorporation d'us et coutumes déjà en cousinage dans un socle de traditions partagées. Afin de compenser un

Prologue

sort instable au gré des changements de gouvernants, les communautés locales issues de la Torah, de l'Évangile ou du Coran ont adopté les unes à l'égard des autres une stricte démarcation rituelle. Leurs réjections mutuelles n'ont pas empêché une large circulation spirituelle entre leurs courants mystiques, hassidim, hésychaste ou soufi. Les cités cardinales de la foi en Jésus-Christ, Rome et Constantinople, Moscou et Genève, ont cherché à s'approprier cet étonnant creuset avec pour résultat d'y importer leurs propagandes doctrinales, leurs disputes sacramentelles et leurs luttes pastorales. Néanmoins, le lot d'excommunications réciproques n'a empêché ni les rencontres ni les dialogues en matière de théologie. L'événement totalitaire a atteint là son paroxysme. L'Holodomor, la grande famine organisée par Staline avec un acharnement méthodique à partir de 1931, a provoqué trois à cinq millions de morts. La Shoah, l'extermination des Juifs actée par Hitler à partir de 1941 et conduite sur place au moyen d'exécutions massives par balles, a causé un million de morts. La pleine conscience de ces deux mémoires et de leur relation reste cruciale non seulement pour les Ukrainiens mais pour tous les Européens car, de ce rendez-vous, dépend l'écriture de notre avenir solidaire.

Ainsi en est-il allé et devait-il en aller de l'Ukraine, ce carrefour du Vieux Continent à la croisée des mille et une expériences qui l'ont façonné, ombres et lumières mêlées. Hier le plus souvent pour le pire et demain peut-être pour le meilleur, voulait-on croire jusqu'au 24 février 2022. Mais un lieu d'intersections ne désigne

La crucifixion de l'Ukraine

pas le cap, il offre indistinctement jonctions et bifurcations. Sans la guerre, qu'en aurait-il été de notre relation à Kiev ? Le fracas des armes a supprimé cette interrogation. Il nous a forcés à nous ranger, à prendre position et partie, à faire camp. De cet immense malheur est né au moins un bien, celui d'avoir à se dresser contre le mal.

En s'escrimant à briser le nœud ukrainien, Vladimir Poutine a voulu rendre insurmontable le hiatus entre les deux Europe, occidentale et orientale, tournées l'une vers l'Atlantique, l'autre vers l'Oural. Il s'est acharné à aggraver leurs différences et leur distance afin qu'elles en arrivent à consommer leur rupture. Il a cherché, pour ce faire, à provoquer la résurgence du plus redoutable des fantômes continentaux, celui de la guerre civile, de la guerre millénaire des religions, y compris séculières, qui n'a cessé de faire, défaire, refaire la grande Europe et dont l'Ukraine a toujours présenté un enjeu majeur. Afin que la haine croisse sur le désarroi.

Tout ce sur quoi notre souci est fort et notre savoir est faible. L'angoissant mélange de nos vagues ressouvenances et de nos ignorances acquises ajoute à notre sidération. La crainte ne tarit pas, toutefois, la conviction qui affleure à nos yeux écarquillés et embués de larmes. Que nous le voulions ou non, la guerre d'Ukraine nous a changés de spectateurs en acteurs, ne serait-ce qu'au titre de figurants, d'un bouleversement mondial. Sans quelque connaissance du temps long, notre intelligence du moment restera interdite, à la fois stupéfaite et stérile.

Seul le fait de saisir son sort crucifié permet de

Prologue

comprendre pourquoi, de centre oublié du passé de l'Europe, l'Ukraine est redevenue l'épicentre visible du futur de l'Europe. Aujourd'hui, le rançonnement qu'elle subit et la résilience qu'elle montre sollicitent de nous tous, à l'Ouest et à l'Est, l'apprentissage de nos passés antagoniques, la guérison de nos mémoires contradictoires, la mise en commun de nos histoires séparées. Faute de quoi ce sera la fin de l'idée européenne, de cette faculté de retour sur soi et de détour par l'autre qui, depuis Homère, refuse de laisser le dernier mot à la mort physique et, plus encore, à la mort spirituelle. Un tel tombeau serait alors sans résurrection aucune.

La crucifixion de l'Ukraine n'a pas commencé par une nuit de l'hiver 2022. Elle remonte à loin et dure depuis longtemps. C'est à l'élucidation de cette chronique touffue et à l'illustration de cette espérance ténue que s'attache ce livre.

Aux sources du schisme

Tout commence – la guerre d'Ukraine aujourd'hui, la guerre du Donbass hier, la guerre de Crimée avant-hier, les guerres analogues qui se sont déroulées auparavant et alentour au cours des siècles – dans la basilique Saint-Pierre de Rome, la nuit de Noël en l'an 800. Au cours de la vigile où l'on célèbre la naissance du Christ, le pape Léon III sacre Charles Ier, le roi des Francs et des Lombards, empereur des Romains. Bientôt, Charles le Barbare sera dit *Magnus*, « le Grand », à l'instar de Constantin le Grand, *Mégas*, qui, cinq siècles plus tôt, a converti l'empire à l'Évangile et ouvert, du ponant au levant, l'ère dont nous vivons les derniers instants. Celle de la chrétienté, de la *Christianitas* en latin, de l'*Oikouménê* en grec. Ce n'est pas que le temps de la foi finisse, simplement le cours d'une civilisation s'achève. Elle se sera lancée à l'assaut de l'univers, l'aura arraisonné, mais n'aura jamais surmonté sa fêlure native et intime qui sera allée de rupture en déchirure, fragmentant schisme après schisme le christianisme dont elle s'est revendiquée.

La crucifixion de l'Ukraine

En l'an 800, quand la nouvelle de l'élévation du roi des tribus franques au rang d'empereur arrive à Constantinople, elle scandalise et outrage. C'est là, sur les rives du Bosphore, à cheval sur l'Ouest et sur l'Est, que Constantin, délaissant l'ancienne Rome, a édifié la nouvelle Rome. C'est là le centre de l'Œcumène, l'ensemble des terres habitées, connues, civilisées et christianisées par l'aigle bicéphale. Pour les clercs de la mégalopole, qu'ils soient d'État ou d'Église, la papauté vient de porter un coup sévère à la vérité et à l'unité. Il n'est qu'un seul et unique empire des Romains et il ne peut être celui des Barbares. Leurs invasions, dont les vagues se sont déployées trois siècles durant, ont submergé sa partie occidentale mais leur intégration ne saurait valoir usurpation. On n'acquiert pas la pourpre en recevant le baptême.

L'impératrice Irène et le patriarche Taraise ont combattu ensemble pour restaurer la vénération des images. La furie de l'iconoclasme, la destruction de toute représentation figurative, a suscité une guerre civile que l'empire vient à peine de surmonter. Face aux prétentions de Charlemagne, ils entendent pareillement rétablir le respect de l'ordre politique et religieux. Ils ont l'assurance naïve des descendants autorisés et il leur échappe qu'une nouvelle réalité vient de naître sous leurs yeux. Celle de l'Occident chrétien, aujourd'hui carolingien, demain catholique, après-demain réformé, disloqué par ses propres guerres de religions, adversaire de l'Orient chrétien, byzantin puis orthodoxe, et matrice de l'Europe sécularisée.

Aux sources du schisme

La fracture continentale

Avec ce sacre apparaît la coupure continentale que provoque au même moment, au IXe siècle, la course entre Rome et Constantinople pour l'évangélisation des Slaves. La ligne de démarcation s'édifie sur la rivalité entre les missions carolingienne et byzantine, les Églises latine et grecque, le Saint Empire romain germanique et l'empire romain d'Orient. Pendant mille ans, elle va se creuser sous les affrontements binaires entre les ligues, les unions, les alliances, les coalitions, les blocs, avant de réapparaître aussi virulente qu'à ses débuts dès la chute du mur de Berlin.

Cette ligne sur laquelle se situe l'Ukraine, ou plutôt que l'Ukraine métabolise, se déploie en zigzag de Tallinn en Estonie, sur la Baltique, à Split en Croatie, sur la Méditerranée. Sur son parcours, elle partage les peuples qu'elle agglomère en des nations antagoniques malgré leur mitoyenneté d'ethnies ou leur mixité de langues. Leur répartition suit les affiliations de croyance qui, plus que tout autre facteur, transforment la proximité en inimitié. C'est cette ligne qui démarque la Pologne et la Biélorussie à partir des critères de la confession, catholique ou orthodoxe, et de l'alphabet, latin ou cyrillique. C'est autour d'elle que s'est agrégée puis désagrégée la Yougoslavie, avec l'impossible cohabitation entre les Croates catholiques à l'alphabet latin d'un côté, les Serbes orthodoxes à l'alphabet cyrillique de l'autre. C'est elle qui traverse l'Ukraine en son centre et, passant

La crucifixion de l'Ukraine

par Kiev, partage le pays entre l'Est et l'Ouest qui, dans leurs confins, forment respectivement un bastion orthodoxe autour de Donetsk, un bastion catholique autour de Lviv.

Cette division a été théologique avant d'être politique. Elle constitue la toile de fond de la première guerre des religions au sein de la grande Europe, de la querelle initiale entre le christianisme occidental et le christianisme oriental qui l'a structurée. Au cours des âges, le tracé est demeuré invariable. De nouveaux protagonistes, le judaïsme, le protestantisme, l'islam, sont venus compliquer le tableau sans le modifier. Seules ont changé les couleurs des casaques confessionnelles pour les peuples ou les communautés que, des deux côtés de la ligne, la fracture a happés, ingurgités et dégurgités, ravivant leurs vindictes ancestrales et avivant leurs vengeances recommencées.

Au XXe siècle, on a moins parlé de théologie, plus d'idéologie, mais l'effet est resté étale. Aujourd'hui, une fois passées les campagnes d'athéisme et les vagues de sécularisation, nous vivons le temps des résurgences identitaires qui débordent des identités religieuses que la fracture a sédimentées avant de les radicaliser. Dès 1991, les guerres d'ex-Yougoslavie ont montré que nous n'avons su ni la réparer ni la surmonter. Désormais, alors que les Églises œuvrent pour la plupart à retrouver leurs idéaux de communion, les États travaillent à refonder leurs logiques d'exclusion. Avec une rage accrue par la glaciation soviétique et dont le régime poutinien est l'expression paroxystique.

Aux sources du schisme

Le 24 février 2022 nous est ainsi redevenue visible, prégnante et menaçante la division entre l'Europe que nous reconnaissons nôtre et l'autre Europe qui nous fait face. Laquelle s'est montrée à travers l'histoire souvent récalcitrante à quoi nous sommes, parfois rivale de qui nous sommes. Voire qui a pu et peut, comme il advient sous nos yeux, se révéler hostile à notre égard au nom de l'hostilité qu'elle nous prête à son encontre. Le fait est que les griefs accumulés au fil des siècles de part et d'autre justifient la réversibilité du reproche. Amie ou ennemie, l'autre Europe demeure notre inconnue numéro un. C'est parce que l'Occident différent qu'elle nous présente constitue notre plus proche Orient. Parce que cet Est le plus immédiat de notre Ouest, que nous avons cru à tort insulaire, est aussi solidaire, en raison du christianisme oriental qui les lie, de l'Est levantin et de l'Est caucasien : il n'a fallu qu'une grosse décennie pour qu'à la guerre de Syrie succède la guerre du Haut-Karabagh et que toutes deux précèdent la guerre d'Ukraine.

Byzance mystifiée

C'est la mémoire de Byzance que ces conflits consécutifs devraient nous inviter à exhumer afin de pouvoir déchiffrer la loi des séries qu'ils induisent et élucider pourquoi le fracas des batailles qu'elle entraîne se rapproche toujours plus de nous. Malheureusement, cette

La crucifixion de l'Ukraine

mémoire nous reste interdite. De la civilisation byzantine, le Louvre, condensé de notre culture étatique et reflet de notre imaginaire collectif, a ignoré l'existence jusqu'à la mise en œuvre d'un département dédié le... 21 février 2022, trois jours avant l'invasion de l'Ukraine ! Un rattrapage bien tardif et qui ne règle rien des biais cognitifs qu'a occasionnés ce camouflage.

La translation de l'empire hante notre histoire. Or, si la transmission de la romanité n'a jamais été une duplication, mais toujours une traduction plus ou moins scrupuleuse, il n'en reste pas moins qu'en termes de filiation légitime, lesdits Byzantins l'emportent sans conteste sur les Carolingiens. L'effacement s'est en effet doublé d'un travestissement étendu jusqu'au vocabulaire. Dans les topographies et les chroniques antiques et médiévales, le nom de Byzance ne fut jamais que celui de l'antique village de pêcheurs sur lequel Constantin érigea en 330 la seconde Rome, baptisée en son honneur Constantinople (et renommée officiellement par son dérivé turc, Istanbul, seulement depuis 1930). À aucun moment les héritiers de Constantin ne se dirent byzantins : ils se définissaient comme Romains, et les Perses, les Arabes, les Turcs, les Slaves les appelaient ainsi sans penser à ajouter la particule diminutive « d'Orient ». Ils ne répétaient pas l'empire, ils le continuaient et ils le continuèrent même pendant mille ans alors qu'il s'était évanoui en Occident.

Byzance est un cryptonyme que Hieronymus Wolf, le bibliothécaire du Saint Empire germanique, forgea en 1577 pour qu'il serve d'alias polémique à cette

Aux sources du schisme

rageuse contestation en héritage : afin de renverser le procès en barbarie et en usurpation, l'historiographie occidentale moderne allait fabriquer une fiction fleuve où l'on verrait défiler des autocrates sanguinaires, des princesses salaces, des ermites saugrenus et des hiérarques serpentaires qui, parfumés au nectar de rose, peignés à l'huile d'olive, immodérément survêtus ou dévêtus, s'adonneraient à d'absurdes complots le jour et à d'abominables débauches la nuit. Alors que dans la Byzance réelle, l'accusation de démesure suffisait à priver un empereur de funérailles religieuses ; que les prétendus débats sur le sexe des anges, en fait sur le degré de matérialité des êtres immatériels, permirent l'élaboration d'une pensée du corps qui, refusant le dualisme, récusait par avance l'automate cartésien ; et que par-delà l'envoûtante et vénéneuse sensualité dont Sarah Bernhardt parerait l'impératrice Théodora au théâtre, la traînée orientale n'existant que pour exciter le trouble désir du mâle occidental, il y avait bien eu un érotisme byzantin, mais celui d'une théologie du Saint-Esprit animant du souffle divin l'entier cosmos, la totalité du vivant. Signe ultime de cette oblivion, au XXe siècle, les critiques anticolonialistes de l'orientalisme, plus imprégnés de préjugés qu'ils ne le supposaient, feraient l'impasse sur le monde byzantin.

Ce n'est pas tout. La Byzance imaginaire confectionnée par l'Occident devait aussi porter le pire des péchés théologico-politiques et devenir le paradigme du « césaropapisme », autre innovation dont on l'affublerait : elle aurait incarné par excellence la confusion théocratique entre le prince et le pontife, ainsi que la soumission du spirituel au temporel. Force est de noter, toutefois, que le terme fut inventé en 1714 par le juriste protestant Justus Henning Böhmer pour dénoncer ce qui lui semblait être le travers majeur non pas de l'orthodoxie mais du catholicisme. Ce défenseur de la couronne prussienne, et de sa mainmise sur l'Église luthérienne, qualifiait Rome de césaropapiste car elle avait voulu (de fait) s'approprier les deux glaives, ecclésial et impérial, au Moyen Âge. Il y opposait la tradition germanique de « collégialité » entre le trône et l'autel, guère plus laïcisée, qu'il glorifiait la Réforme d'avoir adoptée.

Les mots aussi ont leur histoire. Ceux qui ont été créés au sein du monde européen à l'ère moderne pour caractériser la cassure confessionnelle qui lui était intérieure ont été reportés sur le monde byzantin pour en faire le bouc-émissaire d'une dispute qui n'était pas la sienne. Les travaux tard venus mais tant bienvenus de Jean Meyendorff ou Gilbert Dagron ont rendu justice à Byzance : dès le VIIIe siècle, dès après la crise iconoclaste et dès les débuts du schisme entre l'Occident et l'Orient, l'autorité ultime est toujours revenue à la mystique. C'est le parti monastique qui, à chaque crise majeure, s'est insurgé contre les alliances opportunistes de l'empereur et du patriarche et, déniant leur fonction utilitaire, les a suspendues à la perspective du royaume de Dieu « qui n'est pas de ce monde ». Mieux encore (ou pire), la prépondérance accordée à la spiritualité, écrasant toute autre considération, a indéniablement accéléré la chute finale de Constantinople.

Aux sources du schisme

Pour le dire dans la grammaire du mythe fondateur dont s'inspirent les deux Europe, des cités mères allégorisées, Jérusalem et la révélation, Athènes et la raison, Rome et la règle, la voie royale conduit-elle à Aix-la-Chapelle ou à Constantinople ? Et, de là, à Bruxelles ou à Moscou ? Pour nous, l'itinéraire ne souffre pas discussion. Or la même conviction règne en face. Notre propre genèse nous est devenue opaque. L'autre côté n'a pas fait mieux. Les défigurations ont prévalu de part et d'autre. Inégalement, selon les présupposés de chaque camp. Elles ont pareillement engendré des guerres. Les paix n'ont jamais été que des armistices. Et la guerre a repris. Ainsi qu'il en va aujourd'hui.

Pouvons-nous pour une fois laisser l'autre christianisme, l'autre romanité, l'autre européanéité dérouler sa vision ? Non parce qu'elle serait vraie et la nôtre, fausse. Ou le contraire. Mais parce qu'il faut les deux pour que, de part et d'autre, on comprenne qui l'on est. Et pour qu'ensemble, enfin réunis, les habitants de la grande Europe déminent l'instrumentalisation de l'histoire à laquelle se livre meurtrièrement Vladimir Poutine.

L'empereur, le pape et le patriarche

Le récit de tout commencement cèle le pourquoi originel qui en est le soubassement. Le 18 septembre 324, au crépuscule de la bataille de Chrysopolis, Constan-

La crucifixion de l'Ukraine

tin Ier contemple les 30 000 cadavres qui consacrent son accession au pouvoir suprême. C'est là, sur la rive asiatique du Bosphore, qu'il prend la décision de bâtir une nouvelle capitale. Il pense sauver ainsi l'Empire romain qui, arrivé au maximum de son expansion, craque sous les pressions extérieures et les divisions intérieures. En lui donnant un centre équidistant de ses possessions les plus lointaines, de la mer qu'il encadre et des mers qui l'entourent, campé à cheval sur les détroits maritimes et les voies terrestres, planté à la croisée des monts des Alpes et du Caucase, des deltas du Pô et du Nil, des plaines de Valachie et de Mésopotamie ouvrant sur les steppes de l'Anatolie et les golfes de la Perse, les déserts de l'Arabie et les lacs de l'Oural.

Rétablir l'autorité, restaurer la paix : c'est en fait la romanité que Constantin veut refonder en la christianisant. Sa conversion a été personnelle. L'édit qu'il a promulgué à Milan, en 312, reste de tolérance, non de conversion générale. Lui-même attendra son lit d'agonie pour recevoir le baptême, sacrement de la régénération qui proscrit le péché. Une prudence avisée puisque entre-temps l'exercice du pouvoir lui aura fait verser le sang avec abondance dans les guerres de reconquête et les assassinats de palais. Rien, toutefois, n'arrêtera plus l'évangélisation de l'empire. Par la nouvelle Rome qu'il lui donne et qui portera son nom, en octroyant à cette seconde Ville éternelle les mêmes fonctions, prérogatives et splendeurs que la première, Constantin veut sceller ce recommencement dans le marbre.

Constantin n'est pas seul à réorienter l'Œcumène, à

Aux sources du schisme

lui donner pour axe l'est, à le tourner vers le Levant et le Caucase. Sa mère Hélène, qui sera canonisée avec lui, native de la mer de Marmara, ancienne fille de cabaret qui a trouvé en Jésus son libérateur, invente le pèlerinage à Jérusalem. Son mémorialiste, Eusèbe, évêque de Césarée en Palestine et premier historien de l'Église, hisse Athènes au rang de patrie spirituelle en adjoignant le testament des philosophes au testament des prophètes. Son successeur un demi-siècle plus tard, Théodose, également magnifié et canonisé, interdira définitivement le culte des idoles, instaurera le christianisme religion impériale, compilera en ce sens le Code des lois de Rome et sera inhumé en grande pompe à Constantinople. Un monde neuf émerge.

Le grain de sable appelé à gripper le rouage est que, dans ce grand déménagement, le prince laisse derrière lui le pontife. Ce n'est pas une négligence ou une défaveur. C'est la norme. Un évêque est consacré pour un siège, il reste lié au lieu dont la chaire lui a échu. Celui de Rome porte certes le titre de « pape », mais comme son homologue d'Alexandrie et bien d'autres primats : l'appellation, qui dérive de *pappas*, « père » en grec, se veut alors affectueuse et familière car le pasteur, au sein de l'Église, n'est pas un potentat mais un serviteur. Elle n'a pas de contenu juridictionnel. À tout le moins, pour l'heure.

L'empereur Constantin s'en va. Le pape Sylvestre reste sur le quai d'Ostie à bénir les galères où l'on embarque les insignes du pouvoir. Comme il y a un évêque à Rome, il y aura donc un évêque à Constantinople.

La crucifixion de l'Ukraine

Quant à l'autorité ultime, elle reviendra dans l'Église aux conciles, autre innovation de Constantin. Voyant initialement dans le christianisme une nouvelle religion civile, apte à unifier ses sujets, il n'a découvert qu'après coup les divisions dogmatiques qui agitent les chrétiens. Jusqu'aux marchés de la nouvelle capitale retentissent les disputes sur la consubstantialité de la Trinité, la double nature du Christ ou la virginité de Marie. Ces objets de controverses sont aussi des facteurs de dissidences. Ce que l'empire, tout tolérant qu'il se veuille désormais, ne saurait tolérer.

Dès 325, Constantin convoque à Nicée, l'actuelle Iznik en Turquie, l'ensemble des évêques. Ils sont à l'entour de 300 à faire le déplacement. Leur tâche est de définir les formulations de la foi « catholique » et « orthodoxe », c'est-à-dire unanime et vérifiée, afin d'exclure leur contraire, les « hérésies », autrement dit les opinions partiales et partielles. Six autres conciles « œcuméniques », au sens propre impériaux, suivront ce premier essai de concertation institutionnelle et internationale. Laboratoire de l'hellénisme christianisé qu'embrasse alors la majorité des Pères de l'Église, la conciliarité édifiera la doctrine commune à l'Orient et à l'Occident.

Toutefois, avec le transfert de la capitale voulu par l'empereur, le siège romain garde son prestige apostolique mais n'a plus d'assise politique. Il ne lui reste que Dieu et sa merci quand surviennent les Barbares. La Ville éternelle est mise à sac par les Wisigoths d'Alaric en 410. Romulus Augustule, le dernier empereur

Aux sources du schisme

d'Occident, meurt après dix courts mois de règne, assassiné par les Germains d'Odoacre en 476. L'Italie, la Gaule, l'Hispanie sombrent et, avec elles, la culture classique. On perd le grec, le latin est sommaire, les sources manquent ou sont incompréhensibles. Plus loin, à l'ouest, on en ignore l'essentiel. Les Barbares se convertissent mais ils imprègnent les credo et les rites de leur mentalité germanique. Un autre nouveau monde est en gestation.

L'ombilic de l'univers

Les efforts de reconquête que déploie l'empire butent sur le renouvellement cyclique des hordes guerrières qui se taillent des royaumes au fil de l'épée, se bousculent l'une après l'autre et se combattent l'une l'autre. Se voulant universaliste, recourant au droit, à l'économie et à la culture, la diplomatie byzantine prend le relais et crée un Bureau des affaires barbares. C'est ainsi qu'en 508, l'empereur Anastase confère le titre de patrice, nobilité militaire et consulaire, à Clovis : contre l'hérésie arienne alors dominante, le roi des Francs a choisi de confesser le credo de Nicée et, ce faisant, s'impose comme un lieutenant de l'Œcumène.

Il s'agit en fait d'une diplomatie religieuse. La représentation byzantine du monde est concentrique. La nouvelle Ville éternelle en est le centre. Et, en son cœur, trône Sainte-Sophie, le temple de la Sagesse divine,

La crucifixion de l'Ukraine

dont Justinien pose la première pierre en 532. Il désire qu'elle soit l'ombilic de l'univers. Sur la Corne d'or, au pied de l'immense coupole où se réverbère la lumière du Verbe éternel, créateur du cosmos et providence des nations, le Milion, le point zéro d'où partent et où convergent toutes les routes, a été surmonté d'un cadran solaire. L'empereur légiste et théologien se veut le maître des cartes et des horloges.

Mais le monde a changé depuis Constantin et va changer encore. La multiplication des conciles n'a pas arrêté la sécession des Églises sises aux marches extrêmes de l'empire, qu'elles soient assyrienne, arménienne, syriaque ou copte. En 587, afin de réaffirmer sa prééminence, le patriarcat de Constantinople prend le titre d'œcuménique. L'austère Jean le Jeûneur croit enrayer ainsi cette vague séditieuse, mais Byzance a commencé de perdre son plus lointain Orient. Depuis Rome, Grégoire Ier, qui lui aussi sera dit « le Grand », se cabre. Fils de sénateur, ancien préfet et ancien diplomate, le pape réformateur juge que le siège de Pierre doit garantir par lui-même son avenir en Occident. Rome se tourne vers l'Atlantique et le Rhin. Byzance, vers la mer Noire et le Danube. Se devine, en filigrane, la future ligne de choc.

Le mouvement migratoire sans précédent qui modifie l'ordre ancien se poursuit. Il n'y a pas que les Vandales, les Goths, les Wisigoths, les Ostrogoths et les Huns qui se manifestent. Ou les Francs et les Lombards qui s'installent. Au sud, sortis de la péninsule d'Arabie, les cavaliers de Mahomet, le prophète de l'islam, vont

Aux sources du schisme

bientôt fondre sur l'Égypte et le Machrek, atteindre le Maghreb et l'Hispanie, instaurant un cordon circulaire aux périphéries de l'empire sur son pourtour méridional. Au nord, ce seront les Vikings venus des mers glacées de la Scandinavie et les Slaves issus des côtes continentales de la Baltique qui déferleront et hâteront la nécessité de rétablir une barrière étanche au mitan de l'empire sur sa courbe septentrionale.

Constantin IV, le petit-fils d'Héraclius qui triompha des Perses, arrête les Arabes devant Constantinople en 678. Mais, en 893, Léon le Sage doit endiguer l'avancée terrestre des Bulgares vers Thessalonique. Charles Martel, le grand-père de Charlemagne qui vaincra les Lombards, stoppe les Omeyyades à Poitiers en 732. Mais, en 858, Charles le Chauve doit enrayer la remontée fluviale des Normands vers Paris. Sur une égale durée, des deux côtés, rien ne va plus. Malgré cette communauté de destin, le fait le plus marquant du haut Moyen Âge demeure la rupture entre l'Occident et l'Orient chrétiens. Les entités gémellaires font face aux mêmes mutations menaçantes autour d'elles, mais c'est leur opposition frontale qui, par-dessus tout, les occupe. Et qui, maintenant, nous rattrape. Nous la voyons réapparaître aussi vive qu'aux premiers jours sur la ligne qu'elles s'étaient donnée pour lisière. La division religieuse a perdu en véhémence, la séparation politique qui en provient a gagné en férocité.

La crucifixion de l'Ukraine

Rixes théologiques

S'il faut dater la rupture, c'est bien l'an 800 qui en marque le début. Lorsque, dans l'ancienne Rome, Léon sacre Charlemagne, Constantinople s'émeut de l'infidélité du pape autant que de l'indignité du prétendant. Il n'est qu'un seul monde ordonné à la symphonie des deux pouvoirs, spirituel et temporel, dont le ballet terrestre reproduit la liturgie céleste des anges. Mais l'Occident chrétien qui vient d'apparaître a pour horizon l'action ici-bas et la revendication pour étoile. Le vrai séisme est que, pour affirmer son existence, il va dénier celle de l'Orient chrétien. Et l'assigner comme hérétique.

À Constantinople, la polémique enfle. D'où sort ce Charlemagne ? de quelle grotte obscure ? de quelle forêt noire ? Où a-t-il trouvé son erratique confession de foi ? Connaît-il même le code impérial ? Quant à ce Léon, à force d'utiliser le latin, a-t-il oublié son grec ? Tous deux ont-ils besoin qu'on leur rappelle que le christianisme est d'abord une religion orientale ?

C'est en Orient que Jésus a vécu, d'Orient qu'ont essaimé les apôtres, à Alexandrie qu'a prêché Marc, à Antioche qu'a enseigné Pierre, à Damas que s'est converti Paul, à Patmos que Jean a dicté l'Apocalypse. C'est dans ce même Orient qu'a fleuri le martyre, que sont apparus les Pères et les Docteurs, les écoles de catéchèse et d'exégèse, qu'est né le monachisme, qu'ont grandi l'art et le culte de l'image, que se sont tenus

Aux sources du schisme

les sept conciles œcuméniques ayant défini le dogme. À Nicée, Constantinople, Éphèse, Chalcédoine, nulle part ailleurs. Où était l'Occident tout ce temps ? À l'école de l'Orient.

Par-delà ces piques agacées, les théologiens grecs ont un réel motif d'inquiétude. Quels sont ces droits et ces pouvoirs singuliers que la papauté commence à invoquer ? Afin de remembrer l'Occident morcelé, l'emblème cardinal du siège romain est devenu l'unité, quoique sous sa seule égide. Son programme, l'unification ou la réunification de tous, mais sous son unique magistère. Dans sa lutte contre l'éclatement, le siège romain s'est mis à ériger le latin en langue missionnaire pour en faire la langue commune, à avantager le clergé célibataire sur le clergé marié pour éviter la dispersion patrimoniale, à constituer le monachisme en des ordres distincts pour leur attribuer des fonctions éducatives ou sociales éloignées de la contemplation et à endosser les nouvelles formes de piété qui dérivent des coutumes païennes pour faciliter l'assimilation des arrivants. Mais à quels risques ?

Le premier est théologique. Le credo de Nicée-Constantinople, que récitent toutes les Églises, proclame que l'Église est catholique. Les Latins comprennent la translittération de cet adjectif dans leur langue, *catholicus*, comme l'équivalent d'universel, étendu à l'ensemble du monde. Planétaire, si l'on préfère. Pour les Grecs, qui parlent la langue d'Homère et de Socrate, des traducteurs juifs et hellénisés de la Bible dite des Septante, des rédacteurs du Nouveau Testament, l'original *katholikos* revêt une tout autre signification. Celle qu'indique sa racine étymologique *kath'holon*, « en rapport harmonieux avec le tout ». « Catholique » signifie en philosophie la plénitude de la partie lorsqu'elle est l'expression parfaite de la totalité qu'elle récapitule. Et désigne ainsi en théologie la qualité intrinsèque de chaque Église locale instituée canoniquement et qui communie à égalité avec les autres Églises locales. Nul besoin d'une communion qui se construirait pyramidalement et serait soumise à un pouvoir d'exception.

Dans l'esprit des Grecs, le rôle centralisateur que s'attribue le siège romain est dû à l'effondrement du cadre antique en Occident. Circonstanciel, intermittent, il peut être nécessaire dans son aire, mais n'implique pas de supériorité théologique ou disciplinaire. En revanche, il ne va pas sans incidence négative sur la mission. Là encore, les axes divergent. Du côté oriental, l'évangélisation s'effectue dans les langues vernaculaires, le baptême des peuples étant aussi celui de leur culture : de même que l'organisation des pouvoirs, celle des nations doit être symphonique, pensée concentriquement, de proche en proche par diffusion. De l'autre côté, occidental, la latinisation des cultures à partir du culte unique célébré en latin sert de principe actif à l'unité, conçue verticalement, du haut vers le bas par délégation.

On assiste ainsi à un croisement de courbes entre les représentations de l'indivisibilité religieuse et de la diversité politique. Constantinople se tourne vers un Commonwealth confessionnel et Rome vers un Imperium institutionnel. C'est de là que sortent les deux

Aux sources du schisme

mondes qui ne vont plus cesser de s'affronter. Et qui vont donner lieu aux diverses Europe, à l'Europe sempiternellement brisée.

Les cités de Dieu

De Sylvestre, le 33ᵉ évêque de Rome laissé sur place lors du grand délogement de l'empire, on sait peu de chose, sauf qu'il faut écarter la fable que narre à son sujet la *Donation de Constantin* : non, le pape n'a pas miraculeusement guéri l'empereur avant de le catéchiser et de le tremper dans les eaux lustrales ; non, l'empereur partant pour l'Orient n'a pas confirmé l'autorité suprême du pape sur toutes les Églises et ne lui a pas délégué le pouvoir temporel sur l'Occident. Ce prétendu acte notarié est un faux bien plus tardif, fabriqué au IXᵉ siècle, dont l'inauthenticité sera démontrée par les humanistes byzantins puis renaissants.

La forgerie est intentionnelle. Rome n'en est pas la source et l'endosse sur le moment moins par intérêt que par nécessité. La *Donation* émane des clercs carolingiens qui s'essaient à lester d'une théologie politique l'unification des territoires barbares que mène la dynastie franque fondée par Pépin le Bref, le père de Charlemagne. Leur but, reproduire le modèle impérial disparu dans la sphère occidentale, implique de gommer le fait qu'il se perpétue dans la sphère orientale. Ce qui requiert le concours liturgique du pontife romain, lequel n'entend pas dans

La crucifixion de l'Ukraine

l'instant se détacher théologiquement de l'Orient mais se veut aussi (et cependant) politiquement souverain sur l'Occident. Ce qu'a sous-estimé Charles le Grand qui, l'an 800, sort humilié de la cérémonie du sacre : Léon ne s'est pas incliné devant lui comme le protocole en usage à Sainte-Sophie le requiert du patriarche à l'égard de l'empereur. En revanche, comme promis, Charles a donné à Léon la propriété de terres traditionnellement byzantines en Italie.

Si la *Donation de Constantin* est apocryphe, la *Donation de Pépin le Bref* est authentique. Elle a été signée en 754 par le fondateur de la dynastie carolingienne : contre sa reconnaissance impériale, Aix-la-Chapelle s'est engagée à concéder des possessions territoriales à Rome, qui devient ainsi, à son tour, une puissance temporelle. C'est l'acte de naissance des États pontificaux, du « patrimoine de Pierre ». En ce IXe siècle commençant, la papauté n'en est pas encore à revendiquer la possession des deux glaives, spirituel et temporel, mais elle le fera bientôt, à partir du XIe siècle, pour enrayer la mainmise de l'Empire germanique sur l'Église latine.

S'est écroulé au passage, sous les ascensions antagoniques de Rome et de Constantinople, le système de la pentarchie. Trop désuète pour ne pas résonner comme étrange à l'oreille contemporaine, cette notion est néanmoins fondamentale car elle a ordonné le monde chrétien de l'Antiquité finissante au haut Moyen Âge. Après Constantin, la structuration physique de l'Empire romain, sa distribution en axes métropolitains de transports terrestres et maritimes gradués en bornes militaires,

Aux sources du schisme

sa répartition en entités administratives nommées les diocèses, permet sa rapide conversion. L'ordre des honneurs au sein de l'Église va découler de la charpente de l'État. À Rome, qui a été à l'origine la capitale, forte de son prestige et de son cosmopolitisme, revient l'exercice d'une primauté entre pairs qu'elle conserve par tradition. Elle la partage dès les débuts avec ses égales, les deux autres mégalopoles de l'Œcumène, Alexandrie sur le Nil – clé de l'Afrique –, Antioche sur l'Oronte – clé de l'Asie –, qui jouissent des mêmes distinctions. Le déplacement de la capitale à Constantinople, à la confluence de l'Europe et du Levant, et la promotion de Jérusalem au titre des Lieux saints ont parachevé le système de la pentarchie, des cinq patriarcats de fondation apostolique et de prépotence politique. Un quintette à dominante naturellement orientale, concordant avec le développement antique du christianisme concentré à l'Est. Mais dissonant avec son évolution médiévale à l'Ouest.

Constantinople ne nie pas (et jamais ne niera) la primauté romaine parce qu'elle la comprend autrement que Rome. Au sein de la pentarchie et en raison de son principe de constitution impériale, la deuxième place lui revient en termes honorifiques mais à égalité de droit. Ce que stipule le 28e canon du quatrième concile œcuménique, qui se tient en 451 à Chalcédoine (aujourd'hui Kadiköy, banlieue d'Istanbul), en commentant le 6e canon émis à Nicée en 325 : « Les Pères ont accordé au siège de l'ancienne Rome les privilèges dont elle jouit parce qu'elle était la ville régnante. Par le même motif, ils ont jugé que la nouvelle Rome, honorée de l'empire et du Sénat, jouissant des mêmes privilèges, doit avoir les mêmes avantages dans l'ordre ecclésiastique et être seconde. » Une précision omise dans la version latine de ces actes. Rome n'entend rien céder et doit fourbir à nouveaux frais son plaidoyer sur sa prééminence.

Le raisonnement conciliaire développé à Chalcédoine est d'ordre réaliste. Aux yeux de Constantinople, il souligne de manière explicite que le siège primatial accompagne, pour des motifs pratiques, le sceptre de César et ne réside pas pour l'éternité dans la chaire de Pierre. L'argument selon lequel le martyre du prince des apôtres à Rome justifierait la préséance de la papauté ne tient guère car, à l'aune d'un tel critère, aucun lieu ne devrait l'emporter sur Jérusalem où a été crucifié Jésus.

Bien plus, pour les théologiens byzantins, il n'y a pas de fondation scripturaire à la revendication romaine : la formule du Christ qualifiant dans l'Évangile Simon-Pierre de « roc de l'Église » s'adresse d'abord, sans rien retrancher à sa dignité personnelle, à chaque croyant (et ce sera également l'interprétation protestante) ; ensuite, dans l'ordre ecclésial, à chaque évêque fidèle à la foi de la Communauté primitive. Là réside le critère de la primauté de Rome. Il la conditionne et, dans le même temps, la circonscrit à l'exercice d'un service, non pas d'un pouvoir.

Enfin, les mêmes théologiens n'ont pas de peine à rappeler que le pape Honorius a été condamné pour hérésie par le sixième concile œcuménique qui s'est tenu

Aux sources du schisme

à Constantinople en 681 et auquel a souscrit le pape Léon II. S'il est une icône de la faillibilité, c'est Pierre par trois fois parjure avant que le coq n'ait chanté à l'aube de l'arrestation nocturne de Jésus. D'ailleurs, l'iconographie orientale ne le représente-t-elle pas sous l'allure d'un boiteux ?

Dernier venu, premier appelé

La force d'un symbole, particulièrement lorsqu'il sacralise un lieu et par conséquent sanctuarise un temps, n'est cependant pas anecdotique. Quoi qu'il enchâsse du passé, il est créateur d'avenir. Afin de damer le pion à leurs collègues d'Occident qui se montrent réfractaires à la promotion de Constantinople, les prélats d'Orient vont donner dans l'ingénierie pieuse. L'argument incessant qu'avance Rome est celui de la succession de Pierre, chef du collège apostolique. À l'instar des renversements dans les ordres d'arrivée, de puissance ou d'autorité qu'opère l'Évangile, entre les premiers et les derniers, les riches et les pauvres, les doctes et les humbles, il suffit de le retourner.

Pierre est le premier des apôtres, mais dans le Nouveau Testament, le Christ, lorsqu'il aperçoit de loin le pêcheur de Galilée ramassant ses filets, demande à son cousin, André, d'aller le chercher. Et c'est à lui, André, que s'adressent les Grecs de passage qui veulent rencontrer Jésus. Ce dont il faut déduire qu'il connaît

La crucifixion de l'Ukraine

leur langue, signe de sa prédestination à leur annoncer la Bonne Nouvelle. Vrai que par la suite, il n'est plus mentionné. Mais qu'aurait-il pu bien faire après l'envoi des disciples aux quatre coins de la Terre ? Quoi d'autre qu'évangéliser ses anciens visiteurs ? Où ? Comment ? En se rendant à Byzance, autre village de pêcheurs mais aussi autre lieu prédestiné.

La seconde Rome a donc été baptisée par le « Premier-appelé ». Non pas seulement elle d'ailleurs puisque, selon la légende slave ultérieure, le même André, après avoir parcouru 1 500 km pour convertir les habitants de la future Constantinople, en aurait traversé 1 500 de plus pour évangéliser ceux de Kiev. Mais aussi, post-scriptum à la légende, ceux de Novgorod. Un parfait doublet puisqu'il s'agit des deux capitales consécutives de la Rus' médiévale. Remontant la galaxie des colonies hellénisées de la mer Noire à la mer d'Azov en passant par la Crimée, sautant du Dniepr au Dniestr, l'apôtre des Grecs a aussi été l'apôtre des Slaves. Faire remarquer que les centres préurbains de ces deux villes datent au mieux du VIIe siècle et qu'aucune présence chrétienne n'y est attestée jusqu'au IXe siècle ressortirait d'un cartésianisme inapproprié dans l'examen des fondations apostoliques. La question n'est pas là. Ni le drame.

Telle celle des continents, la dérive entre les chrétientés d'Occident et d'Orient a suivi son cours. La perte de l'Illyrie, de la plate-forme d'échange que constitue la côte méditerranéenne des Balkans, sous l'arrivée de peuples venant du nord, les a définitivement isolées. À l'entour de l'an 800, ce sont deux réalités devenues

Aux sources du schisme

étrangères l'une à l'autre qui rivalisent pour convertir ces nouveaux venus en Pannonie, la région autour du Danube qui sert de boulevard à leur déferlement.

La crise sur la translation impériale et la crise sur l'ordre apostolique vont trouver leur champ de bataille dans la crise sur la méthode évangélisatrice. Elle aussi sera indistinctement théologique et politique. Les missionnaires byzantins avançant par la Crimée (Chersonèse, plus tard Sébastopol) et les missionnaires carolingiens par la Bohême (Visehrad, plus tard Prague) se heurteront sur une ligne qui recoupe le front actuel de la guerre d'Ukraine. Les Grecs et les Latins contresigneront leur séparation autour des Slaves et, ce faisant, diviseront les Slaves entre eux. Un schisme de plus dans une série de schismes. Et autant de guerres saintes en perspective.

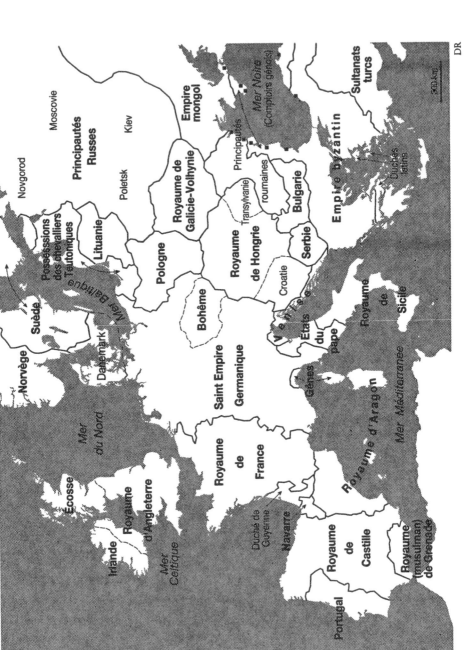

La grande Europe à la veille du sac de Constantinople en 1204.

L'inexpiable croisade

Un demi-siècle après le couronnement de Charlemagne, Photius accède au siège patriarcal de Constantinople qu'il occupe par deux fois, de 858 à 867, puis de 877 à 886. Cet homme d'État puis homme d'Église domine l'époque par sa rare érudition et de nombreux auteurs ou textes de l'Antiquité ne nous sont connus que grâce à sa précieuse *Bibliothèque*. Théologien sûr et politique exigeant, il va être la victime des luttes de succession sur le trône impérial qui rythmeront d'exils son pontificat. La légende noire que lui vaudra en Occident son opposition aux prétentions carolingiennes en profitera. Vu de l'Ouest, le patriarche lettré aura surtout eu le tort de soutenir les frères Cyrille et Méthode, ses élèves et disciples issus d'une famille aristocratique de Thessalonique, qui se feront les apôtres des Slaves et les doteront, au grand dépit de Rome, d'un alphabet déduit du grec. Dit glagolitique dans sa forme primitive, puis cyrillique une fois parachevé, il sera le vecteur du nouvel univers culturel qui prolongera l'Orient à l'est de l'Europe et assurera la survie de Byzance après Byzance.

La crucifixion de l'Ukraine

C'est ainsi que Photius sera canonisé comme un champion de l'unité par l'Église grecque, maudit comme un parangon de division par l'Église latine. Et que, par la suite, toute une littérature ultra-romaine se plaira à taxer l'orthodoxie de « schisme photien ». Ce trucage historique ne sera balayé à l'Ouest qu'après 1918 grâce aux cours dispensés par François Dvornik au Collège de France puis à Harvard. Photius devra à ce prêtre catholique et savant tchèque son affranchissement de l'enfer occidental des damnations mémorielles où il aura été bouclé pendant une dizaine de siècles. Pour l'opinion commune, qui n'est pas abonnée aux bulletins de byzantinologie, la descente dans les abîmes continue : les orthodoxes sont-ils même des chrétiens ?

De quoi le filioque est-il le nom ?

La compétition évangélisatrice auprès des Slaves est à la source de la crise majeure qui sonne le glas pour l'Œcumène. Latente, elle éclate en 862 lorsque Photius accepte de dépêcher Cyrille et Méthode auprès de Rastislav de Grande-Moravie, lequel est désireux d'échapper à la suzeraineté envahissante de Louis le Germanique. Le royaume de Rastislav couvre alors la Tchéquie, la Slovaquie, le sud de la Pologne, l'ouest de l'Ukraine. Devenue explosive, elle déflagre en 866 lorsque Photius refuse la création d'un patriarcat local à Boris de Bulgarie, lequel se tourne subrepticement

L'inexpiable croisade

vers le pape Nicolas Ier pour l'obtenir. La principauté de Boris s'étend alors, outre la Bulgarie, à l'intérieur des terres de l'Albanie, de la Serbie, de la Roumanie et sur le sud de l'Ukraine.

Le théâtre des opérations est fixé pour les synodes, les chancelleries et les états-majors (jusqu'à nos jours). Les Slaves jouent leur partie entre les deux sièges primatiaux qui concourent devant eux à qui saura les gagner. S'ensuivent à Rome et à Constantinople des conciles locaux prononçant des excommunications en rafales qu'une historiographie faussée grossira avant que ne se soit exhumée la réconciliation qui les aura heureusement mais inefficacement conclus. Pour reprendre un mot du vieux français que l'anglais a gardé, c'est leur *estrangement* qu'expérimentent avec brutalité les missionnaires francs et byzantins lorsqu'ils se font face sur les rives de la Vistule, les sources du Danube ou les bords du lac d'Ohrid. Et c'est avec violence qu'ils se partagent ces terres à évangéliser.

Les Grecs, qui ont l'empire en poupe, exhibent dans un premier temps une supériorité affectée qui n'évite pas l'écueil de la vanité. Les Latins, moins raffinés, se montrent plus offensifs. Leur conception de l'unité ne souffre aucune altérité et procède par exclusion. Les voilà qui dénoncent les usages grecs, les interdisent et les remplacent par les leurs, dont le baptême par aspersion (et non immersion), le clergé célibataire (et non marié), le jeûne modéré (et non strict), l'hostie, le pain azyme pour l'eucharistie (et non le pain levé). Photius récuse la contrainte qu'ils exercent en promettant les flammes de la géhenne aux âmes simples mais refuse de juger fondamentales ces différences de pratiques.

Ce que le patriarche ne peut admettre est que les Francs condamnent les Grecs en les accusant d'être des hérétiques : ils auraient ôté du credo universel, élaboré à Nicée en 325 et complété à Constantinople en 381, la précision selon laquelle le Saint-Esprit, qui « procède du Père », procéderait en fait du Père « et du Fils », *filioque* en latin. Le monde à l'envers ! La prétendue soustraction est une addition indue, l'expression « et du Fils » n'ayant jamais fait partie du texte grec original et unanimement reçu. L'accusation d'hérésie doit être retournée à l'envoyeur. Ce sont les Francs qui ont ajouté cette interpolation, cette variante erronée, et, pour Photius, elle est théologiquement gravissime. Dans l'*Encyclique* qu'il envoie en 866 aux patriarches orientaux (d'Alexandrie, d'Antioche et de Jérusalem), il la décrit comme l'« apogée des maux » que les Latins infligent aux Slaves.

Le filioque ? Il n'est guère de formule qui ait fait couler autant d'encre et provoqué autant de drames. La querelle engage infiniment plus que ne suggère son bizarre énoncé. Historiquement, Photius a raison, même s'il ne connaît pas le détail de l'accident qui a conduit à sa formalisation : le credo a été modifié, par ajout, en Occident au VIe siècle afin de combattre l'arianisme, la grande hérésie des débuts de l'Église impériale qui reste alors répandue chez les Wisigoths d'Espagne – pour le prêtre Arius (+336) et pour ses adeptes, le Christ est une sur-créature mais ne peut être Dieu puisqu'il est fils du Père, donc postérieur à lui. La foi catholique et

L'inexpiable croisade

orthodoxe a condamné cette confusion entre le temps et l'éternité en circonscrivant, dans les limites du langage humain, le mystère de la Trinité : le Verbe est « éternellement engendré » par le Père et l'Esprit « procède éternellement » du Père. Le credo de Nicée-Constantinople a définitivement acté que le christianisme n'est pas un monothéisme à la manière du judaïsme ou de l'islam, voire du néoplatonisme : il est trinitaire.

Cette dogmatisation est l'œuvre des conciles œcuméniques. La modifier revient à rejeter leur autorité. Autrement dit à sortir de la communion des Églises qui fait l'unique Église. On peut comprendre que la formule du filioque a visé à renforcer la divinité du Verbe que l'arianisme déniait (si l'Esprit procède du Père « et du Fils », celui-ci est bien l'égal du Père), on peut comprendre aussi que son adoption a été facilitée par l'emploi que certains Pères latins, dont Augustin, ont pu en avoir par endroits. Pour autant, eux-mêmes n'auraient jamais envisagé de modifier la règle de foi unanime. Ils savaient irrecevable n'importe quelle altération du credo conciliaire, de plus expressément proclamé comme inspiré par l'Esprit-Saint. Un impératif qui pour Photius n'était pas négociable.

Relativiser cette singularité latine aurait pu être possible si, dans le domaine du dogme, un remède à court terme ne se révélait pas un poison à long terme. Avec des effets délétères en politique ecclésiastique et en politique tout court. Du filioque, les politiques carolingiens ont fait une arme polémique et les missionnaires francs, un instrument propagandiste contre les Grecs, tout en

La crucifixion de l'Ukraine

se réclamant des successeurs de Pierre. Vu d'Orient, l'accident est devenu une question vitale de foi. Ce n'est pas seulement que l'interpolation est injustifiée, c'est aussi qu'elle marque l'apparition d'une théologie autre que la théologie indivise édifiée pendant près d'un millénaire à partir des apôtres. Celle d'un Occident inconnu jusque-là et s'arrogeant une maîtrise insoutenable sur la foi et sur l'histoire.

L'Église va tâcher de surmonter cette crise politique. Une volonté de réconciliation se fait jour entre le patriarche Photius, qui a été démis par un pseudo-concile en 869, et le pape Jean VIII, qui a été difficilement élu en 872. Les deux prélats ont en commun leurs vifs démêlés avec les têtes couronnées et les autorités civiles. Jean, que les annales romaines qualifieront de « recteur de l'Occident », est par-dessus tout attaché aux justes définitions doctrinales et au bon ordre canonique. En 879, il se rend dans la capitale impériale pour un concile qui réunit la pentarchie et, autour d'elle, 370 autres évêques. Les actes scellent à l'unanimité l'abrogation des actes de 869, la réintégration de Photius sur son siège, l'interdiction de toute addition au credo et l'autorisation pour Cyrille et Méthode de continuer leur mission en langue slave.

À son retour à Rome, Jean VIII, « Mon Jean », comme l'appellera Photius dans ses écrits postérieurs, fait graver sur les portes du Latran le symbole de foi en grec et en latin, sans le filioque. Ce sera la dernière fois que l'Orient et l'Occident chrétiens communieront en célébrant l'indivision.

L'inexpiable croisade

Le Saint-Esprit n'est pas une colombe

La crise atteint son summum sur le Saint-Esprit parce qu'elle est théologico-politique, donc d'abord théologique. De cette dimension première, il faut tâcher de comprendre si ce n'est l'essentiel au moins le fondement, même au prix des quelques paragraphes ardus qui suivent. Sachant qu'ils n'ont pour but ni de réveiller ni de régler la dispute, ni même d'en dresser un panorama impartial, mais d'éclairer les représentations à l'œuvre ainsi que leurs incidences sur les mentalités.

Conceptuellement, Photius n'a pas tort. Il pressent que le débat sur le filioque porte en fait sur le mode d'exister de Dieu et sur sa signification pour le salut de l'homme. Il ignore que les différences d'approche qui vont toujours plus écarteler les mondes grec et latin ne sont pas nouvelles. La Trinité a-t-elle pour principe la personne du Père, source de l'irréductibilité personnelle du Fils et de l'Esprit, leur essence commune étant de communier à la même vie divine ? Ou fait-il sens de postuler une Essence divine au sein de laquelle les personnes du Père, du Fils et de l'Esprit sont analysables comme des relations substantielles internes ? La première approche, grecque, est personnaliste. La seconde, latine, essentialiste. Elles dessinent des univers culturels dissemblables.

À dire vrai, la seconde voie n'est pas latine en soi, elle est augustinienne, mais Augustin d'Hippone, mort en 430, est devenu la principale référence du monde

La crucifixion de l'Ukraine

occidental après la déculturation provoquée par l'arrivée des Barbares. Or l'œuvre de l'auteur des *Confessions*, fondée sur sa propre conversion, n'est pas en assonance avec la polyphonie orchestrale qui se dégage du corpus des Pères de l'Église qu'ils écrivent en syriaque, en grec ou en latin. Monumentale, variable, contradictoire au gré des défis et des combats rencontrés par son auteur, elle est empreinte d'un profond pessimisme anthropologique qui tend à antagoniser la nature et la grâce, à ramener la rédemption à un rachat, à juridiciser la morale, à réprouver la sexualité, à sublimer l'institution sacerdotale, à prédestiner le sort éternel des âmes et à systématiser les punitions infernales. Avec une propension théologique nouvelle chez Augustin, après la chute de Rome dont il est le témoin angoissé, à légitimer la répression politique.

À dire encore plus vrai, il faut distinguer Augustin des augustinismes qui durciront une pensée autrement plus plastique et ondoyante : plutôt que d'exemplifier les traits de génie de ce géant intellectuel, ce sont les excès de son âme tourmentée qu'amplifieront les divers mouvements qui se réclameront de lui au cours des siècles suivants et marqueront l'histoire spirituelle de l'Europe de leur radicalité (dont les clercs de Charlemagne, les prédicateurs de Calvin ou les jansénistes de Port-Royal).

Enfin, vérité qui complète les précédentes, pour parer les chausse-trappes inhérentes à ce legs gigantesque, l'autre colosse latin et médiéval qu'est Thomas d'Aquin (+1274) aura tenté de le corriger en lui insufflant le réalisme intellectuel et l'optimisme anthropologique des

L'inexpiable croisade

philosophes et docteurs helléniques redécouverts entretemps. De même que dans l'entre-temps, tout au long du Moyen Âge, les théologiens grecs, dont l'éminent Grégoire Palamas (+1359), s'efforceront d'attribuer un sens orthodoxe à l'innovation latine, mais tout en refusant l'idée que l'Esprit tire conjointement son existence personnelle du Père et du Fils.

Le Saint-Esprit n'est pas qu'une aimable colombe. Il est aussi un feu dévorant. Le divorce entre l'Occident et l'Orient va se faire tumultueux sous la pléthore des traités sur les erreurs des Grecs que produiront à la chaîne les Latins et auxquels répondront les traités contre les Latins que rédigeront avec la même ferveur les Grecs. Les traductions des textes sont alors rares entre ces deux mondes devenus imperméables. La pratique est celle de chaînes de citations prises hors contexte. Ce sont des formules qu'on oppose au lieu de confronter des raisonnements. La médiocrité de cette littérature du on-dit est donc certaine. On ne saurait toutefois minorer que toute théologie recèle, en puissance, une polémologie, la vérité étant folle d'exceller en exécrant de manière manifeste le mensonge.

La rage pamphlétaire, qui sera particulièrement latine d'abord pour combler le retard et ensuite pour cimenter l'hégémonie, fait que la querelle atteint un point de non-retour. Quant à l'arrogance grecque, qui confine au mépris, elle attise la controverse. De part et d'autre, les systèmes de pensée respectifs, réduits à des aberrations, sont vus comme de justes punitions divines pour le schisme.

La crucifixion de l'Ukraine

Azyme plat et pain levé

Qu'en est-il au fin fond de la faille dans ce qu'elle a de proprement théologique ? Pour conclure ces considérations ardues mais indispensables à la compréhension de la crise, la révélation trinitaire dévoile, aux yeux de l'Orient, le sens ultime de l'expérience chrétienne. Celle-ci a pour finalité rien moins que la divinisation de l'homme par grâce. Non pas l'attente du Royaume à venir, mais l'advenue du Royaume déjà là, la Transfiguration dès ici-bas de la personne humaine par sa communion personnelle à la communion des personnes divines. Ce qui rend impensable, pour l'Orient, toute minoration du Saint-Esprit. Or c'est ce que fait, pour l'Orient, la théologie occidentale dès lors qu'elle professe le filioque.

L'Église byzantine se veut celle de la Pentecôte, de la descente de l'Esprit du Père sur les disciples. C'est son effusion qui rend présente, réelle, immédiate, la mémoire vivante du salut accompli par le Fils. C'est par sa radiance que l'expérience chrétienne n'est pas une figuration ou une imitation, mais une actualisation. Le récit de l'événement de l'Esprit que donnent les Actes des Apôtres souligne que la manifestation de l'Esprit est à la fois cosmique et historique, universelle et personnelle. Il se fait connaître dans les exégèses, les sacrements, les icônes, les saints, qu'au sens propre il insuffle. L'Écriture fixe la parole de Dieu, mais elle parle dans l'Esprit. Le baptême conforme au Christ, mais la chrismation confère la puissance de le suivre dans

L'inexpiable croisade

l'Esprit. La récitation des paroles du Christ dans le canon eucharistique réactive la Cène, mais l'épiclèse, l'appel à l'Esprit qui suit, rend communiant de lui. L'icône dépeint l'invisible, mais l'Esprit y fait habiter. Et le saint qui a acquis en lui, grâce à l'Esprit, le Christ, s'avère pour l'Église l'ultime autorité en l'Esprit.

De cette accentuation orientale, que l'on peut nommer une spiritualisation si on garde en tête qu'elle se traduit par une extrême matérialisation des gestes et des supports qui engagent le corps, l'Occident carolingien va constituer l'envers en se construisant à rebours d'elle. Le baptême sera lié à la purification, la confirmation qui sera administrée par les seuls évêques à une attestation, les paroles du mémorial à une consécration automatique, l'image à un livre pour analphabètes, le saint à une exception et l'autorité à la hiérarchie sacerdotale exerçant son pouvoir paternel sur le peuple éternellement mineur. Les séquelles de cette transposition pèseront sur les théologies catholique et protestante qui lutteront pour s'en libérer et elles déboucheront là encore au XXe siècle sur la réaction, quasiment au sens chimique, que représenteront de part et d'autre les mouvements charismatiques et pentecôtistes. Ils donneront raison, à leur façon, à l'intuition du christianisme byzantin que l'Esprit et la liberté, dans l'expérience sensible de la grâce, vont de pair.

Voilà pour la différence religieuse essentielle. Au IXe siècle, dans la confrontation dont l'Est européen est le terrain, elle s'étend naturellement à la religiosité, aux sacrements et aux pratiques. Mais même la plus étonnante de ces apparentes bisbilles, sur la matière de

La crucifixion de l'Ukraine

l'eucharistie, ne se départit pas du fond théologique de la querelle. Les Slaves doivent-ils communier au pain sans levain des Latins ou au pain au levain des Grecs ? Pour les premiers, la répétition de la Cène, en ce qu'elle a d'événement concret, implique l'emploi des azymes prescrits lors de la Pâque juive et auxquels Jésus a nécessairement eu recours (à la condition, aujourd'hui débattue, que le dernier repas avec les disciples ait été un séder de Pessah). Pour les seconds, la réitération de la Cène, en ce qu'elle a d'avènement transfigurant, requiert que le pain soit levé, non pas inerte comme les azymes, mais animé, dynamique, renvoyant à l'humanité du Christ glorifiée par l'Esprit.

Les deux mondes qui en résultent ne sont pas moins disjoints culturellement que cultuellement. L'éternité et le temps, la mystique et la politique, l'expérience et l'ordre : peu importe la dyade que l'on prend, à partir de là les traits distinctifs vont s'accentuer. On les retrouve aujourd'hui, déformés par un millénaire de changements dramatiques et d'exclusions croissantes. Mais en ce IXe siècle et en dépit de l'unité que cherchent à raviver Photius et Jean, c'est à cause de la conversion des Slaves que se confirme le pire des divorces, celui de l'inimitié consentie. L'Orient sera pour l'Occident indifférent à l'histoire. L'Occident, pour l'Orient, possédé par l'histoire. De part et d'autre, les polémistes renaissants, modernes, contemporains reviendront puiser dans cette opposition qu'ils considéreront comme primordiales. Les plus prophétiques des écrivains portant haut le nom du Christ n'y échapperont pas : Dostoïevski dénoncera Rome

L'inexpiable croisade

dans sa légende du Grand Inquisiteur et Bloy, Constantinople, dans son épopée sur la décadence byzantine.

1054, année fictionnelle

Coup d'arrêt aux idées et retour abrupt aux faits, les puissances européennes soumettent l'aide militaire que sollicite Constantinople, dont la survie est suspendue face à la menace toujours plus accrue des Turcs, à sa reddition doctrinale sur le filioque. Les peuples slaves de l'Est qui, ayant adopté la liturgie de Sainte-Sophie, sont appelés à former un second Orient, garderont pour souvenir que leur accouchement s'est déroulé aux forceps à cause des pressions de l'Occident. Mais aussi pour conviction que la domination nouvelle de l'Ouest ne laisse de choix qu'entre la mort physique et la mort spirituelle.

L'historiographie classique aime attribuer des dates aux grands tournants, préjugeant qu'il sera plus facile aux écoliers de retenir les unes afin de situer les autres. Quitte à créer des contes pour enfants et à fixer en 1054 le schisme entre l'Orient et l'Occident chrétiens. Cette année-là, on ne note cependant qu'un incident supplémentaire dans la litanie des accrocs qui émaillent leurs relations : à Constantinople, au cours de leurs discussions diplomatiques houleuses par un été particulièrement torride, les deux fortes têtes que sont le patriarche Michel Cérulaire et le cardinal Humbert de Moyenmoutier se jettent à la figure leurs excommunications

La crucifixion de l'Ukraine

réciproques. À titre personnel, nominal. C'est pourquoi la levée de ces anathèmes individuels par Athénagoras et Paul VI en 1965, en conclusion du concile Vatican II, n'entraînera pas la restauration de la communion entre les deux Églises. Tout simplement parce qu'ils étaient accessoires au regard des véritables causes d'un divorce indubitable mais indatable.

Une dispute sur les frontières territoriales est à nouveau au cœur de ce débordement de foudres sacrées. Concrète, elle est d'autant plus directe mais revient, à la fin, à sa source qui est la discorde ecclésiologique. Alors que la papauté s'est déportée vers l'Ouest, la Germanie et la Britannie, le patriarcat de Constantinople a grandi à l'Est en agglomérant à son ressort canonique l'Arménie et la Géorgie, la Bulgarie et la Rus'. La zone immédiate de conflit est ce qui reste, au sein de cette procédure de démariage interminable, de contentieux sur l'ancienne communauté de biens. À savoir le Sud.

En ce milieu du xie siècle, les anciens dominions byzantins d'Italie méridionale que sont l'Apulie (les Pouilles), la Calabre, la Sicile, un temps agrégés aux États pontificaux, passent sous la domination des Normands. Ces mercenaires recrutés et payés par le successeur de Pierre pour combattre les Sarrasins se sont établis à leur propre compte. Leur occupation s'accompagne d'une latinisation forcée des populations qui, dans ces régions, étaient et demeurent de rite byzantin. En mesure de rétorsion, Cérulaire oblige en 1052 les chapelles latines de Constantinople, qui desservent les comptoirs des marchands occidentaux, à renoncer à leurs usages. Scandale

L'inexpiable croisade

à Rome ! Scandale pour scandale, Cérulaire charge l'un de ses partisans, Léo, archevêque d'Ohrid en Macédoine et primat de Bulgarie qui fait face à la même agressivité latine, d'agiter les évêques du Mezzogiorno. C'est à nouveau le détour par les Slaves qui est censé régler le conflit. Et qui va l'embraser.

Suivant la tendance générale du moment et de sa propre carrière, l'ancien gardien des chartes de Sainte-Sophie qu'est Léo va imprimer un tour rapetissant au débat. La liste désormais classique des points conflictuels où prédomine le filioque connaît sous sa plume une inflation d'anicroches lilliputiennes. Il souligne l'emploi systématique des azymes et le célibat obligatoire des prêtres qui vont contre la tradition sacramentelle. Il ajoute le jeûne prescrit le samedi et la célébration eucharistique autorisée les jours ordinaires de carême qui contredisent la tradition liturgique. Il conclut que le glabre occidental en substitution à la pilosité orientale comme attribut distinctif du sacerdoce déroge à la tradition disciplinaire. En termes stratégiques, on parlerait d'une contre-offensive massive. Le patriarche Pierre d'Antioche, qui a lu Photius et se méfie du tempérament de Cérulaire, juge qu'il vaut mieux laisser la barbe aux barbiers et s'occuper uniquement des questions de doctrine. Loin du champ de bataille, il ignore que Léo vient de dresser le contre-argumentaire des reproches d'hétérodoxie dont usent les missionnaires carolingiens envers les populations slaves et, désormais, italo-byzantines.

Or, ce dont se souviendront les révolutionnaires en

La crucifixion de l'Ukraine

confectionnant des calendriers, défilés et costumes sur mesure, la domestication rituelle des masses est la clé de leur domination idéologique. Elle a aussi pour but de désigner l'ennemi qui permet d'asseoir l'identité, le mieux étant qu'il soit à la fois extérieur et intérieur. Soumis à des vagues contradictoires de missions qui sont aussi des conformations culturelles, les Slaves vont intérioriser cette partition : ce n'est pas leur affinité ethnico-linguistique que retiendront les Slaves occidentaux que sont les Polonais et les Slaves orientaux que sont les Russes, mais leur disparité confessionnelle qui les fait respectivement catholiques ou orthodoxes. Et les Ukrainiens ? Ils seront assortis aux premiers à l'Ouest, aux seconds à l'Est, et les seuls à devoir intérioriser le trauma au sein d'un même peuple.

Dans l'arène, pour l'heure, Léo fait face à Humbert. Vosgien, bénédictin, prélat romain, le cardinal-évêque de Silva Candida est un réformiste endurant mais aussi un hellénophobe endurci. Secrétaire pontifical aux affaires grecques, il lui revient de transmettre la protestation du primat d'Ohrid à Léon IX qui, défait militairement par les Normands, est leur otage. Le pape, depuis sa prison, voit rouge et ordonne la réfutation une à une des hérésies des Grecs, de l'absence de mention du filioque à la tolérance d'un clergé marié en concluant par leur insubordination à l'égard de la chaire de Pierre. Le temps n'est plus de la fraternisation entre Jean VIII et Photius, l'incommunication est devenue totale, mais le motif de l'excommunication est retrouvé : Rome exige la reconnaissance de son autorité absolue dans

L'inexpiable croisade

le moindre détail, Constantinople argue que l'autorité relative de Rome est endommagée par son endossement de déviations qui ne sont pas des détails.

Quelques semaines avant de mourir épuisé par sa détention, Léon dépêche Humbert auprès de la cour impériale en tant qu'ambassadeur plénipotentiaire. Le légat latin a pour mission d'amener le primat grec à résipiscence. Michel Cérulaire ne s'autorise-t-il pas à écrire au Saint-Père en lui donnant du « cher frère » et à signer ses missives d'un « patriarche œcuménique » que les scribes latins, peu versés en grec, traduisent par « Père universel » ? Or c'est bien la question de la primauté, à la différence du règlement consensuel de tous les autres points polémiques, que peineront à résoudre les théologiens de l'unité au XXe siècle.

Signe des temps, le Latin a tiré le premier en déposant solennellement sa bulle d'excommunication sur l'autel de Sainte-Sophie et le Grec, d'abord incrédule, a fini par riposter. L'assurance nouvelle du siège romain à l'égard des Orientaux tient au fait que ses occupants ne sont plus des Italiens mais des Germains : Léon IX est lorrain, ses successeurs immédiats, Victor II et Nicolas II, respectivement souabe et lotharingien. Ils sont issus de familles aristocratiques liées au Saint Empire, lui aussi germanique, qui les appuient ecclésiastiquement et dont ils servent la diplomatie. L'empreinte qu'ils laisseront restera forte puisque Rome n'hésitera pas à rappeler aux premiers Capétiens que le royaume des Francs a pour capitale l'Aix-la-Chapelle des Ottoniens. Ou, plus tard, aux Valois que le même droit prioritaire revient

La crucifixion de l'Ukraine

à la Vienne des Habsbourg. Avant que l'Istanbul des Ottomans, le Londres des Tudor, le Moscou des Romanov, le Washington des Pères pèlerins ne revendiquent à leur tour la translation de l'empire. La caractéristique d'un fantôme n'est-elle pas, après tout, qu'il revient ? Les excommuniés ectoplasmiques que demeureront l'un pour l'autre Cérulaire et Humbert n'auraient pu imaginer toutefois que leur bagarre ritualiste, accompagnée d'insultes et de gifles devant l'autel de Sainte-Sophie, pourrait un jour susciter un massacre sur son parvis. Cela va pourtant être le cas moins d'un demi-siècle après leur disparition. Mais cette fois, les funérailles qu'auront à ordonner les cérémoniaires seront celles de l'unité chrétienne. Ce ne sont pas des coulées d'encre mais des rigoles de sang que charriera le filioque.

Sous la dictée pontificale

Plus que le 16 juillet 1054 compte, dans les grandes étapes du calendrier élastique de la séparation, la date du 22 avril 1073. Ce jour-là, c'est encore un Germain, quoique né en Toscane, qui succède à Nicolas II. Moine clunisien, ancien conseiller de Léon IX, vainqueur de quelques antipapes grâce à la confirmation du Saint-Empire, Hildebrand de Soana prend le nom de Grégoire pour illustrer son pontificat. L'énergie qu'il mettra à poursuivre l'œuvre de ses prédécesseurs et à relever spirituellement une Église d'Occident aux mœurs alors

L'inexpiable croisade

dissolues fera que ce mouvement de redressement restera comme la réforme grégorienne.

À peine élu, invoquant la *Donation de Constantin*, Grégoire VII réclame aux princes européens qu'ils lui cèdent la Corse, la Sardaigne et l'Espagne en signe de leur soumission spirituelle. Débouté, il rumine sa revanche qu'ils vont lui servir sur un plateau par leur suffisance. Le pape, combien de hallebardes ? Grégoire va employer celles de l'aristocratie pour amender moralement le clergé. Dès 1074, il ordonne la mise au pas des prêtres simoniaques (qui trafiquent les sacrements) et nicolaïtes (qui pratiquent les abus sexuels). La France et l'Angleterre freinent la répression au nom de leurs traditions qu'on ne nomme pas encore gallicane et anglicane. En Allemagne et en Espagne, les arrestations, procès et supplices ne tarissent pas. L'Empire germanique démontre son amour zélé pour l'ordre. Ses potentats ont tort, cependant, de se targuer d'être le bras séculier de Rome et d'en tirer un sentiment de suprématie.

Le demi-couronnement raté de Charlemagne en l'an 800 a inauguré l'antagonisme entre Rome et Constantinople. Il a marqué aussi le début de la confrontation entre les papes et les empereurs qui va scander le Moyen Âge occidental et préparer la Réforme : la querelle des investitures (sur le pouvoir de nommer les évêques) ne sera soldée qu'en apparence par la pénitence du Rhénan Henri IV auprès de Grégoire VII à Canossa en 1077 ; elle aura pour suite la querelle des indulgences (sur le pouvoir de monnayer les peines de l'au-delà) que

La crucifixion de l'Ukraine

le Saxon Martin Luther opposera à Léon X en 1517 et qui scellera l'avènement du protestantisme.

La tunique du Christ, abandonnée au pied de la Croix, n'a pas fini de se déchirer. La culbute de l'Est à l'Ouest a pris des siècles et a conduit à la séparation des Grecs et des Latins. Il va en aller de même pour le basculement entre le Sud et le Nord et la sécession entre les Latins et les Germains. Cette même année 1074, au cours de laquelle il lance sa campagne de purification des mauvaises conduites ecclésiastiques, Grégoire VII instruit le *Dictatus papæ*, la « Dictée du pape », un recueil législatif dans lequel il affirme que l'ensemble du monde chrétien est ultimement régi, spirituellement et temporellement, par le souverain pontife.

Toujours en 1074, effaré par l'avancée des Turcs seldjoukides dans les territoires byzantins de Syrie et d'Anatolie, voyant dans ce désastre militaire une sanction providentielle de l'hérésie grecque mais aussi l'action démoniaque à ses yeux de l'islam, Grégoire VII décide également qu'il devrait être le chef des armées chrétiennes. Voyant la Reconquista progresser en Espagne après la chute du califat de Cordoue, le pape réformateur appelle à la guerre sainte outre-Méditerranée. Le voilà qui demande aux monarques européens d'allouer des troupes « au service de saint Pierre », dont il prendra lui-même le commandement pour aller délivrer le tombeau du Christ. L'idée de croisade vient de se former. Avec elle, pointe le phénomène de la corrélation des fronts sur les deux Orients, le Levant méditerranéen et l'Est continental, qui ne va plus se démentir : à la

L'inexpiable croisade

volonté de libérer Jérusalem des mahométans succédera celle de libérer Kiev des photiens.

Au même moment où à Rome Grégoire dicte ses décrets, à Constantinople, le polémiste antilatin Nicétas Stéthatos diffuse la vision de son maître, le charismatique Syméon le Nouveau Théologien, qui oppose le prophétisme monastique à la hiérarchie cléricale : l'autorité dans l'Église revient à qui détient l'expérience du Saint-Esprit. Cette primauté accordée à la mystique entrave les courants contraires, aux tendances rationalistes ou païennes, qui agitent la culture byzantine et qui prônent le retour à la philosophie antique. Au fil du temps, leurs partisans rejoindront l'Ouest, y transférant les écrits qui y ont été perdus ou oubliés depuis les invasions barbares. Le parti monastique, de son côté, se tournera vers l'Est pour transmettre aux Slaves sa spiritualité.

À Ohrid, le primat de Bulgarie Théophylacte, ancien diacre de Sainte-Sophie et rhéteur réputé à la cour impériale, s'inscrit dans cette ligne ascétique et, s'il cède à la mode en rédigeant un traité sur les erreurs des Latins dans lequel toutefois il n'épargne pas les Grecs, blâme leurs courtes vues et tranche que seul le filioque représente un obstacle grave à l'union, il préfère consacrer le reste de son œuvre considérable à enrichir la culture slave de thèmes ascétiques et contemplatifs.

À Kiev, Georges, le septième métropolite grec et syncelle (auxiliaire) patriarcal, ancien membre du Sénat, donne à la littérature en slavon l'un de ses premiers écrits canoniques, *Stiazanie s latinoiu*, « La lutte avec les Latins », comme il se doit, mais consacre pour

La crucifixion de l'Ukraine

l'essentiel son épiscopat à transmettre le monachisme du Mont-Athos aux premiers ermites de la laure des Grottes, joyau dans la future Ukraine de cette synthèse théologique qui sera aussi artistique. Quoi de nouveau ? Un troisième monde commence à émerger à l'Est.

Face au Prophète

L'éloignement entre les deux univers chrétiens, occidental et oriental, semble irrévocable. Y compris au sujet de l'islam. En cette fin de XIe siècle, à la différence du monde latin, le monde byzantin ne diabolise pas le monde musulman car ce dernier n'est pas pour lui un inconnu. Bien avant que n'apparaisse le Coran, les lettrés de Constantinople ont favorisé la formalisation de l'alphabet arabe sur le syriaque, langue également sémitique, dans le but d'évangéliser les tribus nomades du Golan, du Sinaï et du Golfe. Passant là encore par le syriaque, ils ont accompagné la traduction de Platon et d'Aristote en arabe au sein des centres philosophiques mandatés par les califes abbassides, dont la Maison de la Sagesse à Bagdad. Ils ont ainsi permis la passation de la culture antique aux cavaliers venus des déserts de la péninsule arabique et devenus des citadins au fur et à mesure de leurs conquêtes.

En 1054, alors que Cérulaire et Humbert se chamaillent, Jérusalem et Alexandrie sont tombées, Antioche a été reprise et va être reperdue. Leurs primats, membres

L'inexpiable croisade

de la pentarchie, continuent d'y avoir leurs ouailles qu'encadre dans leur existence, mais aussi conserve dans leur foi, le statut inférieur de dhimmitude, condition amère mais infiniment moins regrettable que la conversion forcée. Pour les Byzantins, dont le territoire est attaqué aux quatre points cardinaux, la permanence du lien religieux l'emporte sur les pertes politiques. Déjà grandit la conscience que l'Œcumène est ecclésial avant d'être impérial.

Dès le tournant des VIIe-VIIIe siècles, Jean Damascène, le défenseur de la foi orthodoxe, le théologien du culte des images et dans le même temps le conseiller du califat omeyyade qui règne sur la Syrie depuis 638, s'est enquis de penser l'islam. Il l'a classé comme la dernière hérésie en date du christianisme (à rattacher selon lui à l'arianisme puisque sublimant Jésus mais lui déniant sa divinité) et a jugé que le strict monothéisme de Mahomet a représenté un indéniable progrès pour les peuples frappés d'idolâtrie auprès desquels il l'a annoncé (mais pour éluder, toujours selon lui, la complexité de la Trinité). Les scrutateurs byzantins ultérieurs du fait musulman estimeront d'ailleurs qu'il y a lieu de distinguer dans le Coran l'annonce prophétique du code impérial qu'il est devenu après la conquête.

En bref, depuis Constantinople, on voit l'empire né du Coran comme un rival politique, mais dans le monde arabo-islamique, ainsi qu'on verra le monde islamo-ottoman, une autre civilisation de synthèse érigée à partir du socle byzantin : elle n'est pas parente comme le monde slavo-orthodoxe et n'est cependant pas étrangère. Les musulmans sont des adversaires, non pas les légions infernales de l'Ennemi venu consigner la fin des temps qu'identifie en eux l'Occident, pris de frissons apocalyptiques depuis l'an Mil.

Quelques décennies plus tard, alors que les Coumans, puis les Mongols et les Tatars commenceront à fondre sur la Rus' de Kiev, les Slaves byzantinisés n'éprouveront pas autrement un joug que, pour autant, ils rejetteront fermement et finiront par vaincre. Le réseau monastique, enraciné dans la tradition orientale de la contemplation, jouera un rôle décisif dans cette résistance d'abord spirituelle qui courra sur plus de deux siècles et s'accommodera d'une vassalité surtout coûteuse économiquement, mais politiquement et religieusement relâchée. Ce sera en 1453, quand la nouvelle leur parviendra que la Ville des villes qui abrite Sainte-Sophie est désormais aux mains des Turcs, que les Slaves acquis à l'orthodoxie sentiront que le transfert dont ils ont fait l'objet est arrivé à terme.

Entre-temps, ils auront appris que, plus redoutables que les cavaliers mongols, sont les chevaliers Teutoniques. Lesquels, apparus en Terre sainte lors des croisades, réfugiés en Prusse après la perte définitive des États latins de Jérusalem, Antioche, Édesse et Tripoli, n'auront cessé, eux, de leur faire la guerre pour qu'ils abjurent leur foi.

Le sac de Constantinople

Lorsque, dix ans après la mort de Grégoire VII, en 1095, Urbain II lance le premier des pèlerinages armés que vient d'inventer l'Occident, la délivrance du Tom-

L'inexpiable croisade

beau du Christ et l'affranchissement des liens de féodalité se conjuguent dans le désir des croisés de se rendre en Terre sainte. C'est avec surprise qu'ils vont découvrir que les chrétiens locaux se battent aux côtés de leurs voisins musulmans et contre eux. Quelle que soit l'affiliation religieuse, la même population fait face au même envahisseur et défend son clocher comme son minaret.

La stupéfaction des barons francs à réaliser qu'ils ne sont pas perçus comme des libérateurs va conforter le catéchisme anti-oriental dans lequel ils ont été éduqués. Les Grecs et assimilés, les autres baptisés d'autres cultes inassimilables, copte, syriaque, arménien, ne sont pas seulement des hérétiques, ils sont également des traîtres. Ils sont les alliés de l'infidèle mahométan. La croisade va dès lors consister aussi en un grand mouvement missionnaire de l'Occident pour convertir l'Orient chrétien à la vérité de son propre christianisme. Quitte, lors du reflux de ces expéditions désastreuses, à abandonner les Églises locales aux persécutions des musulmans qui, de leur côté, les auront assimilées à une cinquième colonne vouée à leur destruction.

La première croisade, en 1095, aboutit à l'installation des Latins à Jérusalem. La deuxième, en 1147, à leur prise d'Antioche. La troisième, en 1189, à défaut d'Alexandrie, à l'annexion de Chypre. Amin Maalouf a raconté l'horreur de ces campagnes autodéclarées saintes. Sur leur route, les croisés sèment les pogroms et terrorisent les Juifs. Lors des sièges des villes, ils se livrent à la rapine, au viol et parfois même au cannibalisme. Lorsqu'ils s'en emparent, ils massacrent les musulmans,

La crucifixion de l'Ukraine

expulsent les chrétiens orientaux qui refusent de se latiniser, torturent les membres de ce qu'il reste de sectes païennes ou ésotériques. Il s'agit d'instaurer, en toute impunité, le Royaume de Dieu sur terre.

La quatrième croisade va se conclure en 1204 par le sac de Constantinople. Dans cette catastrophe de civilisation, dont Steven Runciman a dressé le récit inégalable, les aspects sombres ne manquent pas. Un rapide tour de la galerie de portraits où figurent les principaux protagonistes de ce brigandage qui a pris la Croix pour oriflamme suffit à le montrer.

Le détenteur du siège romain, le pape Innocent III, veut cette fois que l'expédition en Orient qu'il appelle de ses vœux en 1202 soit de bout en bout pontificale. Portant à son maximum la ligne de Grégoire VII, il a changé son titre de vicaire (suppléant) de Pierre en vicaire du Christ. Reprenant la théorie de saint Augustin sur les deux Cités, céleste et terrestre, il se veut le chef de la cité des hommes, qu'il se donne pour charge de perfectionner. Convoquant le quatrième concile du Latran en 1205, un an après la prise de Constantinople, il entérinera l'inquisition à l'égard des hérétiques, la ségrégation à l'encontre des Juifs, l'extension de la croisade aux pays de chrétienté afin de soumettre les Albigeois au sud et les Baltes au nord. Entre-temps, pour financer le nouvel assaut sur les Lieux saints, il aura légitimé le droit de ses fidèles à se saisir des territoires des infidèles mais aussi des schismatiques.

Le pape est tout à son rêve d'unification. Les chevaliers francs et germains y voient un blanc-seing pour

L'inexpiable croisade

ravager Constantinople et dépecer l'Empire byzantin. Innocent III les morigénera pour leur agissement scandaleux qui va à l'encontre de la cause qu'il poursuit, le ralliement des Grecs à Rome. Il menacera les croisés d'excommunication et il les excommuniera, mais pour leur dévastation, en chemin, de Zara (l'actuelle Zadar en Croatie), ville dalmate, portuaire et de confession latine, avant de leur donner l'absolution afin qu'ils continuent de voguer vers les rives du Bosphore et, de là, vers Jérusalem. Sans percevoir que pour ces soldats du Christ sortis des brumes nordiques, la nouvelle Rome est le siège de l'impiété. À preuve, son insolente richesse. Sa fortune ostentatoire. Sa subtilité orientale.

L'appel pontifical est immédiatement relayé par la République de Venise, la nouvelle puissance maritime en Méditerranée, qui ne saurait résister à l'occasion de monnayer à prix fort le transport des croisés sur ses galères et de constituer ainsi un trésor de guerre propice à acquérir plus de comptoirs que sa rivale Gênes. Ce sont des empires commerciaux que visent les deux thalassocraties et, même si elle est entamée, la prédominance persistante de la Constantinople impériale sur les eaux nuit à leurs ambitions. Entre autres par l'interdiction qu'elle leur fait de naviguer dans la mer Noire, seule voie d'accès vers l'est.

Or les croisés qui arrivent en masse sur le Lido de la Sérénissime sont incapables d'acquitter le montant astronomique que leur réclame le doge Enrico Dandolo pour leur louer ses bateaux. Vieux, aveugle, mais rusé, Dandolo propose de leur faire crédit : ils n'auront qu'à

La crucifixion de l'Ukraine

se payer sur la bête tout au long du chemin afin de lui rembourser leur dette. La logique de l'extorsion va fonctionner à plein et les croisés vont rançonner Byzance en vengeance du racket de Venise. Le doge mourra à Constantinople en 1205, un an après le sac de la ville et, conformément à sa volonté, sera inhumé sous une dalle de Sainte-Sophie. Selon la légende, en 1453, Mehmet le Conquérant aurait ordonné que l'on jette ses ossements aux chiens en punition de sa perfidie et de la ruine qu'elle avait causée de la Cité-Reine.

Parmi les responsables de cette destruction fratricide, il faut encore évoquer Alexis IV Ange. Pour récupérer son trône, ce dynaste byzantin déchu promettra au pape Innocent III la soumission de l'Église grecque à Rome, au doge Dandolo l'ouverture des ports vers la Crimée et à l'empereur germanique Philippe de Souabe, par ailleurs son beau-frère, la suzeraineté sur Jérusalem et le Levant. Il finira étranglé le 25 janvier 1204 après quelques mois d'un règne imposé par ses protecteurs et rejeté par son peuple.

Responsable aussi, Boniface de Montferrat, le chef des croisés, homme de calcul sous couvert d'hésitation morale, vite forcé à se replier sur le petit royaume franc de Thessalonique en prix de consolation mais qui ne lui survivra guère. Ou, pour finir, Tommaso Morosini, cadet d'une illustre famille vénitienne et prédestiné par les lois de succession à la soutane, qu'Innocent III nomme et consacre patriarche latin de Constantinople le 25 mars 1205. Réfugié à la cour de Boniface, le prélat périra de languissement. Le patriarcat cessera d'être actif

L'inexpiable croisade

dès 1261, mais le titre, purement honorifique, perdurera jusqu'à ce que le pape Paul VI l'abroge lors de sa rencontre historique avec le patriarche Athénagoras sur le mont des Oliviers le 5 janvier 1964. En Terre sainte, où n'est jamais arrivée la quatrième croisade.

Du vol au viol

En 1203, se détournant de Jérusalem, les croisés campent sur le Bosphore, à Pera, sur la rive droite de la Corne d'Or (aujourd'hui Beyoğlu, autour de la place Taxim). Ils multiplient les provocations afin de presser l'empire de vider ses coffres. En août, ils brûlent la mosquée que les Grecs ont concédée aux Arabes et aux Perses dans ce quartier marchand à côté des chapelles dont bénéficient les Amalfitains et les Pisans. L'incendie détruit toute cette partie de la ville. En décembre, ils posent un ultimatum, la rançon ou le pillage, et commencent à razzier les palais et les monastères des faubourgs.

Mais le cœur de Constantinople est difficile à prendre. Par la terre comme par la mer. Les croisés vont le cerner par les feux criminels qu'ils allument à chaque porte monumentale. Le siège tourne à l'embrasement. L'assaut général est donné le 12 avril 1204. Les combats font rage sur le rempart nord, autour du palais des Blachernes. L'ultime carré des défenseurs s'y réunit. Les Varègues de Kiev, qui forment la garde impériale,

La crucifixion de l'Ukraine

luttent héroïquement mais tombent l'un après l'autre sous la disproportion du nombre. Au même endroit où le 29 mai 1453, Constantin XI, le dernier empereur de Byzance et éponyme du premier, trouvera la mort face aux Turcs.

Durant trois jours et trois nuits, la Ville des villes est mise à sac. Les Latins volent l'or, l'argent, les pierres précieuses, les icônes, les reliques, profanent les sanctuaires, détruisent les statues, abattent les colonnades, exécutent les hommes, égorgent les enfants et les vieillards, violent les femmes avant de les éventrer sur l'autel de Sainte-Sophie. Répandre l'enfer est leur revanche. Frustes, illettrés, débarqués de leurs châteaux aux murs épais sur leurs chevaux de trait, comprimés dans leurs armures et dans leur statut féodal d'hommes liges, accoutumés à penser que le rite germanique du jugement de Dieu est le summum de la justice, jaloux de la munificence qu'ils découvrent, qui leur était inimaginable et qui les enrage à la manière de sauvageons de la périphérie déboulant sur la place principale d'un centre-ville luxueux, éduqués à haïr l'hérétique et à l'extirper, ils sont en fait ivres de ressentiment.

Le trait est hyperbolique ? Pas pour Nicétas Choniatès, le chroniqueur byzantin témoin du sac dont il est un rescapé. C'est bien l'horreur qu'il décrit, avant d'ajouter qu'il doit cesser là sa relation d'actes si inhumains qu'à continuer de les énumérer il y perdrait sa propre humanité. Et de conclure que « même les musulmans sont bons et compatissants lorsqu'on les compare à ces êtres qui portent la croix du Christ sur l'épaule ».

L'inexpiable croisade

Formule qui ne va pas tarder à devenir : « Plutôt le turban du sultan que la tiare du pape. »

Entre-temps, depuis Rome, Innocent III a maudit les croisés. Ils ont tout raté. À cause d'eux, la défiance de l'Orient envers l'Occident va être inextinguible. Le souverain pontife est lucide. L'union est perdue. Il laisse faire que, sur le même autel profané du temple de la seconde Rome, on célèbre la messe des Latins en chantant le filioque et en consommant des azymes. La croisade ajoute ainsi l'indélébile à l'imprescriptible.

Les conséquences immédiates de cette bacchanale sanglante et sacrée sont terribles. Politiquement, l'empire se fracture, cherche asile à Nicée, Trébizonde, dans le despotat d'Épire. Amputé au Levant par les Arabes, en Anatolie par les Turcs, il est désormais grignoté dans les Balkans par les Francs et les Germains. Dans ces mêmes Balkans, parmi les Slaves convertis, les Bulgares et les Serbes se donnent pour chefs des Césars qu'ils nomment tsars et qui prétendent à leur tour à la succession impériale. Coupée de Constantinople, économiquement affaiblie, Kiev périclite, et c'est démunie que la principauté des Rhôs, selon son nom grec, doit se préparer aux invasions asiates. Quant à Constantinople, rendue à l'état de cité fantôme par les croisés, elle ne retrouvera ni son lustre ni sa puissance, et les Turcs, en 1453, prendront l'image ternie d'une splendeur jadis sans pareille, qu'une hémorragie de deux siècles après ce coup fatal aura vidée de sa substance.

Religieusement, la fracture est encore plus profonde. À Rome, Innocent III se désole. Projet concerté ou effet

La crucifixion de l'Ukraine

domino, la croisade n'a pas été pontificale. Il la rêvait politique, au sens de civilisatrice. Elle a été barbare. Et la barbarie a été le fait desdits civilisateurs. Les Grecs ont perdu leur superbe, mais les Latins ont perdu les Grecs. Et la papauté, son pari. En avril 2004, huit cents ans après l'acmé incendiaire de la quatrième croisade, lors de la visite au Vatican de Bartholomée Ier, le primat de l'Église orthodoxe, Jean-Paul II exprimera la repentance de l'Église catholique. Venise, pour autant, n'a jamais pensé à restituer l'ensemble statuaire des chevaux en cuivre qui ornait l'hippodrome de Constantin et dont elle a décoré la basilique Saint-Marc. À qui le rendrait-elle d'ailleurs ? L'empire est entré en agonie au moment où il a été dérobé. De l'ancienne arène des courses impériales, subsiste une promenade à obélisques et fontaines que recommande le ministère turc du Tourisme depuis Atatürk et dont la mairie d'Istanbul, depuis Erdogan, a fait un lieu de soupe populaire les soirs de ramadan.

Byzance n'est plus qu'un souvenir. Si ce n'est que les peuples n'ont pas le même régime de mémoire que les pontifes. Non plus que l'Occident et l'Orient entre eux. Dans le mémorial oriental, Constantinople a rang de martyre, immolée qu'elle a été par l'Europe de l'Ouest prête au pire pour assumer son désir de puissance. Pour toutes les nations qu'elle a évangélisées, la capitale impériale de la romanité chrétienne est à jamais en flammes, plongée dans le brasier qu'ont allumé d'autres chrétiens au nom de la chimérique supériorité de leur foi. Tout particulièrement pour les Slaves convertis à l'orthodoxie.

La ruée vers l'est

L'Ukraine ne porte pas encore son nom au début du XIIIe siècle. Mais à Kiev, on pleure le sac de Constantinople. Les destins des deux villes sont liés depuis le baptême de Vladimir qui est celui de la Rus' médiévale. En 988 selon l'agenda commémorant à date fixe les fondations des nations. Depuis les débuts de l'évangélisation des Rhôs par Constantinople pour être moins arithmétique mais plus exact.

La conversion de ces Vikings sédentarisés autour du Dniepr que l'on nomme aussi Varègues est encore balbutiante lorsque Photius arrête en 860 leur raid sur le Bosphore. Elle va venir compléter l'univers civilisationnel inauguré par la conversion des Bulgares, en 864, encore à l'instigation de Photius. Le khan puis kniaz Boris veut alors soumettre les Serbes du gospod puis kniaz Mutimir qui, pour repousser l'envahisseur, demande et obtient de Constantinople en 867, toujours de Photius, que son peuple soit également christianisé. Les descendants de ces tsars slaves, aux titres claniques puis monarchiques, se voudront des empereurs et voudront avoir leurs patriarches.

La crucifixion de l'Ukraine

Le nouvel Orient, dont la future Bulgarie, la future Serbie et la future Ukraine sont les berceaux à l'Est, naît en contiguïté avec le nouvel Occident, carolingien, qui apparaît au même moment à l'Ouest. Dans cette duplication de Byzance, Boris et Mutimir auront eu un siècle d'avance sur Vladimir. Mais la Rus' l'emportera par son rôle historique. Elle deviendra le foyer du conflit qui oppose Rome et Constantinople, avant que Moscou, bardé de ses propres prétentions, ne le mène à incandescence et ne fasse de Kiev un champ de bataille entre les camps retranchés qui se font face sur la grande ligne de séparation continentale.

Si, ainsi que la scolastique se propose de le faire pour Dieu, on veut chercher la preuve ontologique de l'existence de l'Ukraine, ce n'est pas vers l'histoire politique qu'il faut se tourner, on n'y recueillerait que des éléments d'intermission et de rémission, mais vers l'histoire ecclésiastique. Là est la continuité et là se dévoile la permanence de l'identité.

Entre le Dniepr, la Neva et la Moskova

Dès ses débuts, la future Ukraine constitue un microcosme des déchirements religieux nés en Méditerranée. Entre les révélations juive, chrétienne, musulmane d'une part. Entre les confessions chrétiennes d'autre part. Lorsque Constantinople décide au VIIIe siècle d'instaurer un gouvernorat frontalier et un diocèse missionnaire

La ruée vers l'est

en Chersonèse (la Crimée), elle a pour premier but de contenir les peuples semi-nomades qui, *via* la mer Noire, menacent l'empire. Ce sont les Khazars, venus d'Asie profonde, dont l'aristocratie est convertie au judaïsme ; les Petchenègues, apparentés aux Turcs, descendus de la Caspienne et tentés par l'islam ; les Goths, remontés par le Danube, christianisés, latinisés, mais marqués par l'hérésie arienne ; les Vikings déferlant des mers froides, païens et pilleurs, dont une branche, les Varègues, a commencé de fonder en milieu slave des cités-États qui vont être vite slavisées au point d'oublier leurs origines scandinaves.

La Rus' émerge à Novgorod, au nord, puis à Kiev, au sud, ville arrachée aux Khazars. La dynastie qu'y fonde Riourik en 862 en fait le centre d'une vaste principauté qui s'étend du Danube à la Volga, avant de se déplacer à Moscou en 1276 et de s'achever en 1598 avec Fédor, le fils d'Ivan le Terrible lui-même le premier des tsars russes au plein sens du terme. Les Romanov suivent en 1613, après le Temps des troubles, pour régner sur l'empire de toutes les Russies jusqu'en 1917 et l'exécution de Nicolas II. Le trait d'union entre les deux capitales et les trois lignées tient dans la figure de Vladimir et son baptême, qui est aussi celui des Slaves orientaux, en 988.

Les légendes disent en des raccourcis fabuleux les réalités de l'histoire. Deux versions existent de la conversion de Vladimir, qui se ramènent à la même leçon politique. Dans la première, le prince reçoit des ambassadeurs des principales religions qui l'entourent. Ni le

La crucifixion de l'Ukraine

christianisme romain ni l'islam mongol ne vont à ses mœurs singulières. Celles-ci sont trop orientales par rapport au premier, trop occidentales par rapport au deuxième. Quant au judaïsme khazar, il n'a pas protégé ceux qui l'ont adopté de sa mainmise. Reste donc le christianisme byzantin. Dans la seconde version, il envoie des émissaires faire le tour des mêmes autorités et ils reviennent de Constantinople où ils ont assisté à la liturgie dans Sainte-Sophie, « ne sachant plus s'ils étaient au Ciel ou sur Terre » : répondant à ce signe d'élection divine, la Rus' sera donc orthodoxe.

Plus prosaïquement, la diplomatie byzantine s'est faite matrimoniale. En 987, Basile II le Bulgaroctone, le « tueur de Bulgares », accorde à Vladimir la main de sa sœur Anne Porphyrogénète, « née dans la pourpre », en échange de l'envoi de guerriers varègues. Mais Basile tardant à remplir sa part du contrat, Vladimir fait l'année suivante le siège de la Chersonèse, où il finit par être baptisé et marié lors de la même cérémonie. Non sans avoir renoncé publiquement à ses dizaines d'idoles et de concubines en signe de son entrée dans l'Œcumène.

En 991, le patriarcat de Constantinople érige Kiev en siège métropolitain avec juridiction sur toute la Rus'. Jusqu'à la fin du XIIe siècle, il envoie des Grecs pour l'occuper : le contrôle par l'Église certifie le lien à Byzance ou, plutôt, à la confédération byzantine qui lui a succédé. La dynastie des Comnènes s'efforce alors de restaurer la gloire de l'empire en Méditerranée, où elle fait reculer les Turcs, les Francs, les Vénitiens, tout en apaisant ses relations avec la papauté. Mais à l'Est, elle

La ruée vers l'est

se confronte au nouveau royaume de Hongrie : l'entreprise de latinisation des terres disputées par l'Occident, qui ont été jusque-là teutonne, lituanienne et polonaise, bénéficie de l'élan des Magyars, descendus de l'Oural vers le Danube et christianisés par Rome.

Constantinople doit s'assurer du concours de la principauté pareillement montante de Galicie, la région la plus au ponant de la Rus' qui prête le flanc à l'Occident et à son attraction. Deux siècles après son baptême dans le rite byzantin, la nouvelle entité a grandi. En taille mais aussi en assurance et en ambition. Il s'imposerait d'élever des Slaves au rang de métropolite pour pacifier les esprits qu'échauffe l'omniprésence du clergé grec. Mais le 6 décembre 1240, Kiev, qui a été détrônée par Novgorod puis par Vladimir en tant que centre du pouvoir politique, tombe aux mains des Mongols de Batu, le petit-fils de Gengis Khan et le fondateur du khanat tatar. Sur leur passage, les princes russes ont été défaits un à un. Et les cités-capitales, ravagées une à une. Même la forteresse militaire censée constituer un rempart sur la Moskova n'a pas tenu et les cavaliers des steppes ont fait un brasier de ses remparts en rondins. C'est pourtant à partir de Moscou lentement relevé de la ruine que va s'organiser la résistance.

Un double mythe surgit des brumes : en 1263 naît la principauté de Moscou et meurt le prince Alexandre Nevski. Le vainqueur des chevaliers Teutoniques et autres moines-soldats du Porte-Glaive sera canonisé en 1543 par le métropolite russe Macaire et immortalisé en 1938 par le cinéaste soviétique Serge Eisenstein. Où

La crucifixion de l'Ukraine

sont les débuts ? Au IXe, au XIIIe, au XVIe, au XXe siècle ? Où est la source ? À Constantinople, à Kiev, à Moscou ? Qui est l'ennemi ? Le Mongol, le Germain, le Balte ? Voire le Grec ? La bataille de la Glace, remportée par Alexandre, le guerrier de la Neva, n'est que la première d'une longue suite de luttes armées contre l'encerclement des puissances d'Europe. Jamais la Horde d'Or venue des steppes d'Asie, ni lors de son occupation, ni après son élimination, n'aura inspiré un tel sentiment d'agonie. Or la Russie émergente doit assumer sa vocation céleste. Celle que menacent à égalité les mahométans et les Latins. Celle que ne savent plus protéger les Byzantins. Déjà, elle se veut l'héritière de l'Œcumène et la légataire de l'aigle à deux têtes. Contre l'Occident hostile. Mais aussi contre l'Orient parjure.

En ce milieu du XIIIe siècle, le siège métropolitain de Kiev a gardé son intitulé mais entamé son exode à Vladimir avant de prendre le chemin de Moscou. Dans deux siècles, la cité des boyards commencera à se rêver la troisième Rome. Ce n'est pas seulement qu'en 1453 la seconde Rome sera tombée aux mains des Turcs. C'est qu'avant cette catastrophe, il se sera trouvé des hiérarques grecs pour sceller l'union avec la première Rome en sacrifiant la défense de la foi orthodoxe à la survie temporelle d'un empire en bout de course. Mais la Russie sera là pour réparer la honte (du moins le croira-t-elle).

La ruée vers l'est

L'union des adieux

En Orient, au XIIIᵉ siècle, l'Empire romain est de retour. Pour l'ultime fois. Michel Paléologue, le fondateur de la dynastie éponyme qui sera aussi la dernière à régner sur Byzance, va en être le héraut. Descendant des Comnènes, ce soldat aguerri se double d'un politique tranchant. Devenu en 1259 co-empereur de Nicée, où s'est réfugiée la cour impériale après le sac des croisés, il entreprend de reprendre Constantinople. Là où ses prédécesseurs ont failli à laver l'affront et à réparer la perte par trop d'angélisme, il va réussir en jouant simultanément sur les travers de ses divers adversaires.

Michel tracte avec les Seldjoukides et les Mongols pour libérer le front asiatique, entre en guerre avec les États latins sur le front européen, achète les seigneurs francs du Péloponnèse et de l'Épire qu'il ne peut défaire, purge son propre camp de leurs alliés, monte Gênes contre Venise, s'empare de la Ville des villes par la ruse et se fait couronner à Sainte-Sophie le 15 août 1261, en la fête de la Dormition de la Vierge. Immédiatement, il consolide le front slave en mariant les filles de sa parentèle aristocratique aux despotes locaux qui se disputent la domination de l'Est.

Le triomphe paraît complet. Après un demi-siècle de déshérence, la capitale de Constantin renoue avec la vie. Un nouvel art naît des décombres, qui va illuminer la renaissance de ce Commonwealth réunifié. Mais, redoutant que le peuple ne l'accuse d'être un usurpateur et

La crucifixion de l'Ukraine

ne se révolte, Michel VIII commet la faute (et le crime) d'ordonner l'exécution de ses possibles concurrents, les fils des grandes familles qui pourraient prétendre à la succession impériale. Ce qui lui vaut d'être excommunié par le patriarche Arsène, son zélateur de naguère qui se fait son accusateur et lui interdit de franchir les portes de Sainte-Sophie.

Une conjoncture défavorable alors qu'à Rome le pape Urbain IV, qui a été patriarche de Jérusalem, médite de lancer une nouvelle croisade pour restaurer l'empire latin de Constantinople. La mort interrompt son bref pontificat de trois années. Celui de son successeur, Clément IV, qui prêche également la croisade mais contre les hérétiques d'Occitanie et les musulmans d'Espagne, ne dure guère plus. C'est une autre sensibilité, irénique et spirituelle, que présente Grégoire X lorsqu'il accède au siège de Pierre le 1er septembre 1271 : de son séjour en Terre sainte, ce moine cistercien a retiré une vision positive de l'Orient. Il promulgue la protection des Juifs dans ses États, s'entretient avec Kubilaï, le khan des Mongols lié aux chrétiens assyriens, dans l'espoir de sa conversion et convie Michel VIII à un concile d'union entre les deux Églises, d'Occident et d'Orient.

Les vues de l'ambitieux Charles d'Anjou sur la Sicile, encore imprégnée de fidélité à Byzance, vont empoisonner le processus. L'instauration du roi de Germanie Rodolphe de Habsbourg comme empereur des Romains, aussi. Mais également les attentes en apparence minimales de Rome et cependant exorbitantes pour Constantinople après le choc de 1204. Reconnaissance de la

La ruée vers l'est

primauté du pape, appel arbitral au pape, commémoration du pape : que ne veut le pontife d'Occident qui a déjà du mal à se faire obéir par les princes qui devraient être sous sa coupe et qui ont fait de l'Orient leur terrain de chasse ? Le sentiment de reddition que suscite cette demande exaspère le peuple lorsque, durant l'assemblée conciliaire qui se tient à Lyon à l'été 1274 en vue de proclamer l'union, resurgit la question du filioque. Inévitablement et fatalement.

La délégation grecque est faible en nombre, en qualité et en représentativité. Michel VIII, qui cherche une alliance militaire, s'est assuré de la docilité de ses membres. Il en va autrement pour la délégation latine. Le dominicain Thomas d'Aquin est mort sur le chemin du concile. Le franciscain Bonaventure va mourir durant les travaux conciliaires. Issus des nouveaux ordres mendiants qui prêchent dans les universités naissantes, ces deux futurs docteurs de l'Église catholique, auxquels seront accolées respectivement les épithètes d'angélique et de séraphique, représentent l'avènement de la scolastique. Désireux de marier la théologie et la philosophie, ils ambitionnent de construire des cathédrales conceptuelles afin d'architecturer un ordre de la raison naturelle. Le nouvel Occident qu'ils incarnent est une terre inconnue pour les Byzantins. Ils y verront bientôt une fausse route menant à l'atténuation de la révélation biblique. Mais, dans l'instant, pour la première fois, la maestria latine étonne l'audience grecque.

Lorsque, le 29 juin 1274, à Lyon, durant la messe que célèbre Grégoire X, les légats de Manuel acceptent de chanter le credo avec le filioque, ils croient avoir acheté un plan de reconquête. Ils ont juste provoqué l'ire du peuple de la seconde Rome. Pour faire accepter l'union, Michel VIII démet Joseph le patriarche en titre, nomme l'érudit et latinophile Jean Beccos sur le siège constantinopolitain, passe par l'épée les émeutiers des faubourgs dont le cri de ralliement est « L'orthodoxie ou la mort ». Il échoue. Manuel a contre lui les meilleurs des clercs byzantins, tous des moines et la plupart des mystiques, qui récusent la méthode romaine : la restauration de la communion d'abord, la discussion sur la doctrine ensuite. Eux pensent que l'unité ne peut s'établir que sur la recherche préalable de la même foi. Et que la vérité vaut mieux que l'empire.

À rebours de l'intention qui l'a réuni, le concile de Lyon va marquer une accélération dans la dérive des univers mentaux. Et l'*estrangement* théologique grandissant entre les deux Églises, une précipitation dans la séparation des deux Europe. À l'Est, il aura acté la disposition future de toutes les démarches analogues d'union qui aboutiront à la même impasse : un pouvoir temporel préoccupé par sa survie politique, un pouvoir spirituel absorbé par sa sauvegarde canonique, un non-pouvoir monastique résilient et résistant, plus puissant cependant que les deux autres parce que centré sur le salut éternel. À l'Ouest, il aura entériné la conviction que le monde oriental définit son existence par son rejet du monde occidental et reste suspendu à sa frange la plus irréductible.

À Rome, les papes se succèdent à grande vitesse jusqu'à

La ruée vers l'est

l'élection de Martin IV le 22 février 1281. Convaincu par Charles d'Anjou qui rêve de reprendre Constantinople, le nouveau pontife, qui ne partage pas le goût de Grégoire X pour l'Orient, excommunie Michel VIII le 18 novembre suivant. Il ordonne aux têtes couronnées d'Occident de rompre toute relation diplomatique avec l'empire entêté dans le schisme. C'est compter sans l'intelligence tactique de Michel, qui riposte le 30 mars 1282, à Palerme, en provoquant ce qui restera comme les « vêpres siciliennes » : appuyé par les Aragonais auxquels il a promis l'île, le petit peuple révolté massacre et chasse les Angevins. Exit l'ennemi juré. Il n'y aura pas de second sac croisé de Sainte-Sophie.

L'empereur a les mains libres pour s'occuper de la Thessalie, au centre de la Grèce actuelle, tenue par les Francs. Afin de garantir le succès de son expédition, il recrute grâce à ses relais chrétiens de Kiev une troupe de mercenaires tatars. Le khan n'est pas son ami mais, face à l'adversité de l'Occident, il peut être un allié. Et il est, en Asie, d'autres axes du monde que ne le suppose l'Europe.

Depuis toujours, l'Occident juge l'Orient compliqué. Il est contristé par la réversibilité des coalitions que se réservent les peuples orientaux comme si amis et ennemis étaient interchangeables. Il peine à comprendre leur indifférence aux valeurs qu'il cultive lorsqu'il s'agit pour eux de résister à leur dissolution. De cette résilience à tout prix, qui est née de la disparition de Byzance, l'Occident aimerait ne pas avoir à s'embarrasser tant il lui semble évident que sa vocation est de dispenser

La crucifixion de l'Ukraine

le bonheur pour tous. En quoi l'Orient voit la source de nombre de ses malheurs. D'où l'impasse.

Empereurs et moines

L'empereur Michel de Constantinople meurt en 1282. Le comte Charles d'Anjou et le pape Martin de Rome, en 1285. Le roi Rodolphe de Habsbourg, en 1291. Une page se tourne. Dès son accession au trône, le jeune Andronic Paléologue rompt avec l'héritage paternel et répudie l'union qui n'aura jamais été soutenue que par un empereur trop calculateur et un patriarche trop conciliateur. Son règne va durer trente-huit ans et être aussi intense que dramatique. Les Turcs seldjoukides et ottomans dominent définitivement les territoires levantins et asiates. Les Francs et leurs alliés, les Vénitiens et les Génois, tiennent les îles de Méditerranée, dont Chypre, tout en continuant de semer le trouble dans l'Hellade. Les Mamelouks, ces anciens esclaves convertis en miliciens de l'islam, ravagent la Cilicie et les Mongols, le Caucase. Les Serbes dans les Balkans, les Bulgares le long du Danube se taillent des empires, réclament Constantinople comme capitale d'un nouvel Œcumène slavo-romain. Plus loin, à Kiev, et plus loin encore, à Vladimir, à Moscou, les Tatars et les Teutons étranglent la Rus'. Que faire ?

Andronic II va réagir à la tentation du déclin en promouvant un renouveau intellectuel, artistique et spirituel d'une hauteur et d'une force ainsi que seuls les temps de crise peuvent engendrer. La Renaissance paléologue va exalter l'idéal hellénique de la personne humaine tel que l'accomplit la révélation chrétienne. Ce retour en arrière est aussi un bond en avant. Il provoque un bouillonnement créatif dans les disciplines philosophiques et picturales. C'est un monde transfiguré que véhiculent les œuvres qui essaiment de Constantinople aux terres levantines et caucasiennes, balkaniques et russes. Élève de Théophane le Grec, le premier fresquiste des basiliques de Moscou, Andreï Roublev consacrera cette inventivité par son icône de l'*Hospitalité d'Abraham*, prototypique de la Trinité et symbole de la perpétuation de l'esprit byzantin. C'est aussi de ce mouvement que s'inspireront les primitifs italiens pour refonder l'art de l'image en Occident.

Cette révolution est portée par le mouvement monastique qui a pour épicentre la république contemplative du Mont-Athos. La « Sainte-Montagne », au nord de Thessalonique, est située à cheval sur les routes de la Méditerranée et de l'Est. Les centaines de solitaires qui y vivent cultivent la règle de l'ascèse et la prière du cœur. Ils cherchent la vision de la lumière incréée et quêtent la divinisation dès ici-bas. Ils incarnent l'autre Renaissance paléologue, celle de la spiritualité dite « hésychaste ». Encore un mot qui n'a gagné sa place dans nos dictionnaires occidentaux qu'au XXe siècle.

Provenant des Pères du désert, des thébaïdes d'Égypte et du Sinaï où a fleuri au IVe siècle la condition érémitique, l'hésychasme (*hésychia*, « paix, silence, prière »)

La crucifixion de l'Ukraine

constitue en Orient la méthode pratique qui vise à vérifier concrètement la théologie apophatique, ou négative (*apophasis*, « suspension, retranchement »), des Pères de l'Église : Dieu n'est pas objet de discours mais sujet d'expérience. Les hésychastes byzantins vont se faire les néomissionnaires de cette conception maximaliste de l'orthodoxie auprès des Slaves et ce sera dans leur apostolat que la Rus' puisera l'énergie de son émancipation.

Cette école confirmera ainsi, dans la géographie physique, la cartographie mystique qu'a dessinée le baptême de Kiev. Elle repavera la voie qui, partant de Constantinople, passant par la Crimée, traversant les Balkans et le Danube, remonte en boucle de la mer Noire à la mer Baltique pour atteindre le pôle Nord. Tel a été le chemin ouvert par Cyrille et Méthode au IXe siècle. Tel sera celui qu'empruntera la *Philocalie* compilée sur l'Athos au XVIIIe siècle, vaste recueil contenant les écrits des Pères que la tradition hésychaste nomme neptiques, « veilleurs », gardant incessante la prière, étant tournés vers Dieu seul, appelant la miséricorde de l'Éternel sur le monde. Prenant l'Ukraine pour plate-forme, elle infusera à nouveau le testament théologique de Byzance dans son ancien Commonwealth politique et deviendra le livre de chevet des écrivains spirituels du XIXe siècle, à commencer par Dostoïevski. Animant le réveil contemporain de la Sainte-Montagne, l'esprit philocalique refera le même parcours et recréera le même espace à partir de 1968. Celui du sanctuaire historique de l'orthodoxie.

En attendant, au palais des Blachernes, les séances du conseil impérial s'éternisent. Au sens propre. On égrène les dépêches annonçant la perte de nouveaux territoires, tandis que généraux et diplomates font rouler les grains du chapelet sur lequel ils ruminent le nom divin. En 1321, Théodore Métochitès, le ministre lettré d'Andronic II, ordonne que l'on redécore la chapelle la plus proche du rempart nord de Constantinople, la muraille de Théodose jetée devant celle de Constantin, qui protège la voie terrestre par laquelle arrivent immanquablement les envahisseurs. La splendeur de ses mosaïques et de ses fresques fait que Saint-Sauveur-in-Chora (Kariye Djami) figure aujourd'hui au patrimoine de l'humanité. Son programme iconographique est toutefois singulier. Inédit. Unique. Le fronton de la dédicace célèbre dans le Christ la « Terre des vivants », *Chora ton zoonton*, selon la formule de Jésus lors de son ultime discours aux disciples avant le Golgotha. Sur l'iconostase, la Mère de Dieu porte pour titre inusité la « Terre des sans-terre », *Chora ton aktimon*, et le Baptiste ne proclame plus la venue du Messie mais appelle à la conversion. Rien de classique, rien de canonique. Une libre réinterprétation contenant zéro référence impériale. Byzance s'enfonçant dans la nuit a gravé dans la pierre et rédigé en couleurs son testament à destination des Slaves.

Métochitès mourra dans le monastère où il se sera retiré des affaires du monde pour se préparer au passage vers l'au-delà. Andronic II fera de même. Ainsi que Jean Cantacuzène, le Grand Domestique, chef des armées et des administrations, un temps sacré empereur avant qu'à son tour il reçoive la tonsure et prenne l'habit. Il est le cousin d'Andronic III qui à sa mort, en 1341, laisse le

La crucifixion de l'Ukraine

trône vacant. Sa veuve, Anne de Savoie, offerte en signe nuptial de réconciliation doctrinale, entend assumer la régence et retourner l'empire en faveur de l'union des Églises. Ce que refuse le militaire et théologien qu'est Cantacuzène, dont le caractère intraitable est trempé par la conviction d'être le dernier des Romains. La guerre civile s'ensuit. Elle s'accompagne d'un conflit religieux qui va parfaire le legs terminal de Byzance. Ce sera la querelle hésychaste.

Cette nouvelle controverse byzantine va s'avérer déterminante pour l'avenir des Slaves, mais aussi des Latins. Arrivé à Constantinople de Calabre dans les années 1330, maniant les langues anciennes, le savant et érudit Barlaam se distingue auprès de la cour impériale. Sa double culture fait qu'on le choisit pour mener de nouveaux pourparlers avec les puissances occidentales. C'est en tant qu'ambassadeur qu'il se rend en 1339 à Avignon où résident désormais les papes. Les termes de la conversation avec Benoît XII, le pape des débuts de la guerre de Cent Ans, sont immuables : l'adhésion au filioque et à la primauté en échange de l'assistance militaire contre les Turcs. Confronté à des thomistes, pour qui la procession de l'Esprit par le Fils est affaire de démonstration logique, Barlaam pense habile de postuler que, Dieu étant inconnaissable, la question est oiseuse. Il est prêt du coup à s'accorder avec la théorie de Benoît XII sur la vision béatifique : les âmes des justes ne contempleront Dieu qu'après le Jugement dernier.

Le choc des modes de rationalité est aussi celui des mesures de temporalité et des modèles d'humanité.

La ruée vers l'est

Rien ne va plus. Depuis le Mont-Athos, le moine hésychaste Grégoire Palamas, qui est issu d'une lignée de serviteurs impériaux, s'insurge contre les abandons du Calabrais : la vision de Dieu est possible dès ici-bas et cette connaissance participative en l'Esprit de sainteté est anticipatrice du Royaume de Dieu. Elle est non seulement possible, mais aussi souhaitable et, en fait, la finalité de la vie chrétienne. Désarçonné, Barlaam se met à enquêter sur les moines de l'Athos. Brocardant leur méthode d'oraison, qui a influencé au Levant celle des soufis, il les traite d'omphalopsyques, de « vénérateurs du nombril ». Anne de Savoie, éduquée dans la foi latine, se range dans son camp. Cantacuzène, en byzantin accompli, prend le parti des moines.

La doctrine hésychaste va être entérinée par le *Tome hagiorétique* (*Hagion Oros*, la « Sainte Montagne »), que Grégoire Palamas rédige et que les autorités de l'Athos contresignent en 1340, ainsi que par deux conciles constantinopolitains lors de l'été 1341. Déclarant s'inscrire dans le fil des décisions œcuméniques, les hésychastes proclament la distinction-unité en Dieu de l'essence et des énergies (*energeia*, « opération, manifestation ») : la vie divine se communique entièrement et se donne pleinement en communion dans sa radiance sans que s'épuise son mystère incommunicable. Une vision que les plus antigrecs des théologiens latins jugeront insensée, la classant dans les conséquences maléfiques du schisme : Grégoire Palamas sera jugé comme un opposant frontal à Thomas d'Aquin et un facteur aggravant de la discorde. Là encore, il faudra que des

La crucifixion de l'Ukraine

siècles passent avant que l'on essaie de lire les deux théologiens en miroir.

Les actes conciliaires de 1341 arrivent à Kiev, Vladimir, Moscou et y sont endossés. Barlaam, condamné, repart en Italie où, se faisant le maître de l'hellénisme, il enseignera le grec au jeune Pétrarque. Sa défaite sonne la déroute des deux courants qui animent le parti intellectuel hostile aux moines : le néo-platonisme paganisant et le néo-aristotélisme scolasticisant. Ses émules, déçus par la victoire de la mystique en Orient, iront alimenter la Renaissance en Occident, y transférant les leçons de la philosophie grecque. À l'Est, c'est l'hésychasme qui triomphera.

Vigile spirituelle

Signe des temps, le sacre de Cantacuzène n'a pu se tenir à Sainte-Sophie, trop endommagée par les croisés, et le précieux diadème des Césars étant gagé chez les banquiers de la Sérénissime, il a fallu confectionner à la va-vite des lauriers de pacotille. L'épidémie de peste est aux portes de la ville, et les ennemis, toujours plus nombreux. La mort noire et les hordes guerrières asphyxient un empire dont, depuis l'an 300, la taille a été réduite par cent. Restent l'Évangile et l'évangélisation.

En 1347, Grégoire Palamas est consacré métropolite de Thessalonique, l'autre capitale byzantine tournée vers le monde slave. En 1354, Jean Cantacuzène abdique et prend l'habit monastique à Mistra, au cœur du Péloponnèse, d'où il soutient la nouvelle vague missionnaire à l'Est. En 1364, le moine Philotée Kokinnos, disciple du premier et protégé du second, accède pleinement au siège de Constantinople, dont la tenue a été perturbée par la guerre civile. Il a quitté à regret son ermitage de l'Athos entre mer et ciel car l'heure est gravissime.

Cinq ans plus tard, en 1369, le pouvoir impérial dévisse à jamais : Jean V, le fils d'Anne, se rend à Rome et déclare sa soumission à Urbain V en échange de l'argent promis par la maison de Savoie pour armer des mercenaires. Honni à son retour pour cet acte d'allégeance, il voit son règne menacé par l'avancée des Ottomans dans les Balkans. Les Turcs cernent Constantinople. En 1373, il lui faut se soumettre cette fois au sultan Mourad qui, en attestation de sa vassalité, exige qu'il détruise la citadelle gardant la Porte d'Or. Désormais la Ville est désarmée. L'armée, défaite. Le trône, déserté. Mais il reste le patriarcat œcuménique.

Philotée est seul aux commandes. En 1368, il canonise Grégoire Palamas tout en proposant à Rome la tenue d'un concile œcuménique à Constantinople dont l'ordre du jour resterait ouvert pour en laisser la rédaction, dit-il, au Saint-Esprit. Il comprend que Byzance n'a plus que quelques décennies à vivre (sept exactement). Il lui faut hâter la translation. Non pas celle de l'empire, mais celle de l'Église. Philotée arrache aux Serbes, qui ont érigé leur propre hiérarchie à Pec, qu'ils se relient à nouveau au centre constantinopolitain. Il fait pareillement avec les Bulgares et, tout en leur accordant la reconnaissance d'un siège primatial, les replace sous son autorité. Il ouvre grand aux uns, aux autres et à tous les Slaves le Mont-Athos, qu'il transforme en école de guérilla spirituelle. Et veille particulièrement à accueillir les candidats à la vie monastique venant de la Rus'.

Les principautés héritières de Kiev subissent alors, venant du Nord, les assauts du grand-duché de Lituanie, qui a renoncé à son paganisme ancestral sous la croisade des chevaliers Teutoniques, a adopté le rite latin et s'est donné pour mission de le propager par les armes. La dynastie régnante a bien été tentée d'embrasser l'orthodoxie et de se rattacher à l'Est avant de commencer à se tourner définitivement vers l'Ouest. Pourquoi adopter une foi que l'empereur byzantin a lui-même délaissée ? Et que deviendrait Vilnius, sinon une capitale marginalisée, dans le grand ensemble que projette d'ériger Constantinople ? Au même moment, le mouvement d'occidentalisation gagne la Baltique en s'appuyant sur la Hanse, la ligue marchande anglo-germanique dont le couloir remonte jusqu'aux pays scandinaves, qui se veut prosélyte au service de Rome et véhiculera ensuite la Réforme.

Le patriarche pressent que le challenge balte est perdu. De même que la dimension politique de ce Commonwealth dont il a la garde. Byzance se survivra, oui, mais par la contemplation. C'est un moine slave, athonite et hésychaste, Cyprien, que Philotée envoie comme son représentant personnel dans le grand Est. Il le consacre métropolite de Kiev, de Lituanie et de Russie, renouant ainsi avec la voie historique de la mis-

La ruée vers l'est

sion mais assignant de la sorte le métropolite Alexis de Moscou à la position de subordonné. Ce qui est vécu sur place comme une humiliation grecque et plante les germes des discordes à venir entre la deuxième et la troisième Rome.

En 1374, le patriarche Philotée entame une longue correspondance avec le moine Serge, fondateur de la laure de la Trinité, non loin de Moscou, qui deviendra Serguev-Possad (et que les Bolcheviks renommeront Zagorsk, mais dont ils échoueront à interrompre la liturgie pluriséculaire). Philotée enjoint Serge d'adopter la règle athonite et la pratique hésychaste. Il lui dépêche des émissaires pour le seconder dans cette entreprise qui servira de modèle aux monachismes russe, biélorusse et ukrainien lors des périodes médiévale, moderne et contemporaine. Il l'encourage aussi à prêcher la libération du joug étranger : l'Église doit être à l'avant-garde du peuple.

Le futur saint Serge de Radonège va se faire le confesseur du grand-prince Dimitri, le reconstructeur du Kremlin de Moscou, et l'engager à chasser la Horde d'Or. Selon l'hagiographie, le 8 septembre 1380, dans la plaine de Koulikovo, en bordure du Don, tout au long de la bataille du Champ-des-Bécasses au cours de laquelle les Slaves écrasent les Mongols, Serge, seul dans sa cellule, prie le Christ pour qu'il accorde sa bénédiction à ceux qui le louent. Et qu'il étende sa paix à ceux qu'ils combattent.

Cette victoire inaugure la réunification de la Rus'. Mais elle ne se bâtit plus à partir de Kiev, prise par

La crucifixion de l'Ukraine

les Lituaniens vingt ans plus tôt et comme aspirée vers l'Ouest. Surtout, elle est loin d'être finale. Deux ans plus tard, le khan Tokhtamych ravage à nouveau Moscou, prend le fils de Dimitri Donskoï en otage et oblige ce dernier à finir ses jours sous les tentes de la Horde. Pour la chronique russe, la délivrance sera venue de la foi orthodoxe mais gardera dès lors un goût d'apocalypse. Succéder à Byzance condamne à un sort solitaire parmi les nations. C'est pourquoi il faut à l'élue, la principauté moscovite, un empire pour survivre. Ne serait-ce qu'à l'angoisse de sa disparition.

La fin des temps

En Occident, le siège de Pierre enchaîne les conciles : Bâle en 1431, Ferrare en 1437, Florence en 1439, Rome en 1441. Le Grand Schisme continue de lézarder l'édifice catholique. À Bâle, le parti conciliaire affirme ses droits contre la papauté. Il esquisse même une réconciliation avec les hussites, les disciples de Jean Hus, le théologien novateur de Bohême et le promoteur d'un soulèvement populaire qui a été écrasé par les féodaux latins partis en croisade. Cette insurrection religieuse et politique annonce la Réforme de Luther et Calvin. Les zélotes du concile sont allés jusqu'à se donner un antipape, Félix V, en la personne du duc de Savoie, Amédée VIII. Lequel n'est reconnu que par la Confédération helvétique, tandis que le pape légitime,

La ruée vers l'est

Eugène IV, va rallier à sa cause Frédéric III, chef de file des Habsbourg et empereur germanique. Mais non sans provoquer l'indignation du clergé allemand qui, attaché à son indépendance, rejette le Concordat signé en 1448. Entre-temps, en 1438, la France capétienne a adopté, par la Pragmatique Sanction de Bourges, la plupart des innovations bâloises afin de protéger les « libertés gallicanes ».

C'est ce contexte troublé, préfigurant la partition renouvelée de l'Europe occidentale, qu'Eugène IV, issu d'une lignée de doges vénitiens, pense résorber en renversant les fronts et en convoquant un nouveau concile d'union avec les Orientaux. Il compte restaurer son autorité par ce coup d'éclat. Défenseur opiniâtre de l'idée pontificale, chassé de la Ville éternelle par les complots cardinalices et les révoltes populaires, il va être le pape de toutes les audaces, n'hésitant pas à condamner l'esclavagisme que les Espagnols pratiquent en Afrique.

Entre l'automne 1438 et le printemps 1439, les ultras de Bâle, bientôt réfugiés à Lausanne, vont le suspendre, puis le déposer et enfin le déclarer hérétique. Lui les a immédiatement excommuniés, se concentrant sur les tractations qu'il conduit au même moment avec l'Empire byzantin finissant grâce à la médiation de son ami, Nicolas de Cues, le subtil théologien de « la docte ignorance ». La résolution du schisme orthodoxe doit permettre l'extinction de la rébellion occidentale contre Rome. Non seulement la première n'aura pas lieu mais la seconde se retournera en ouvrant grandes les vannes du protestantisme.

La crucifixion de l'Ukraine

Le concile se tient d'abord à Ferrare sur l'Adriatique à la demande de la délégation byzantine, inquiète que Constantinople ne tombe aux mains des Turcs en son absence. Menée par Jean VIII Paléologue et le patriarche Joseph II, elle compte en son sein un cortège de métropolites. Les plus éminents ont pour noms, appelés à demeurer dans l'histoire, Bessarion de Nicée, Marc d'Éphèse, Isidore de Kiev. Chacun d'entre eux va jouer un rôle crucial dans la métamorphose finale de Byzance.

En face, Eugène IV aligne le collège des cardinaux, les maîtres des ordres, les ambassadeurs des puissances européennes. De son trône, il préside les débats qui vont se dérouler de janvier 1438 à juillet 1439. Entre-temps le vieux Joseph sera mort et, la peste menaçant Ferrare, le concile aura été transféré à Florence. D'autres délégations se manifesteront : copte venue d'Afrique, syriaque du Levant, arménienne du Caucase, éthiopienne de Terre sainte. Mais l'essentiel des joutes oratoires aura lieu entre les théologiens grecs et latins. Elles seront occupées par le filioque et cette invention récente de la scolastique qu'est le purgatoire.

Le 5 juillet 1439, de guerre lasse dans le sempiternel espoir d'un improbable secours militaire, la délégation byzantine rend les armes. Est proclamée la bulle *Laetentur coeli*, « Que les cieux se réjouissent », qui reprend l'intitulé de la formule de réconciliation entre les sièges d'Alexandrie et d'Antioche au Ve siècle. Une lettre morte pour un monde défunt. Les patriarches qui les occupent sont sous domination islamique des Turcs mamelouks

La ruée vers l'est

et, empêchés de faire le voyage, ont confié le soin de les représenter respectivement à Mark d'Éphèse et à Isidore de Kiev. Le métropolite Bessarion lit le décret d'union en grec, le cardinal Cesarini en latin. Les deux versions du credo contiennent le filioque. Mais lors de la messe qui suit, les prélats grecs s'abstiennent, pour la plupart, de communier.

Le dominicain Jean de Torquemada ne se trompe pas lorsqu'il s'enquiert de savoir où est passé son principal opposant, Marc d'Éphèse, qui s'est illustré par sa défense acharnée de la théologie hésychaste et palamite. Marc n'a pas attendu la fin du concile pour regagner Constantinople et annoncer au peuple l'énième trahison de ses clercs. Bessarion, lui, a décidé de passer à Rome. Promu cardinal, un temps même *papabile*, il transmettra l'Antiquité classique à l'Italie et créera une secte néoplatonicienne qui recrutera parmi les Médicis. Cesarini trouvera la mort dans les marécages de Varna, en Bulgarie, lors de la calamiteuse expédition militaire contre les Ottomans du roi de Pologne et de Hongrie, Ladislas III Jagellon, le nouveau potentat de l'Est.

Et Isidore ? Né à Monemvasia, ville-citadelle conquise et influencée tour à tour par les Francs et les Vénitiens, ce Grec du Péloponnèse a pris l'habit à Saint-Démétrios, un monastère urbain de Constantinople sis à proximité du quartier des Génois. Ecclésiastique de carrière aux mœurs occidentalisées, envoyé comme observateur au concile de Bâle en 1434, il a été consacré, à son retour en 1437, métropolite de Kiev avec juridition sur toute la Rus'. Signataire de l'union, le voilà, le 7 août 1439,

La crucifixion de l'Ukraine

nommé légat pontifical, Eugène IV lui confiant pour mission d'unir la Moscovie (byzantine) avec la Pologne et la Lituanie (latines).

À Cracovie et à Vilnius, on rejette son offre, l'option dominante étant plutôt de conquérir les terres du schisme orthodoxe qui ne sont pas encore soumises comme l'est déjà l'Ukraine de l'Ouest. À Moscou, où il arrive en 1441, à peine a-t-il le temps de célébrer la liturgie en commémorant le pape que le grand-prince Vassili le fait arrêter et que le synode local le destitue. Isidore réussit à s'échapper et il est envoyé par Eugène IV cette fois à Constantinople, où le 12 décembre 1452, dans la ville d'ores et déjà assiégée par les Ottomans, il commet l'exploit, profitant du désordre, de proclamer l'union dans Sainte-Sophie. À nouveau arrêté et fuyant derechef, reprenant la route de Rome, déchu de son titre pour trahison au profit de l'Occident, réfugié auprès du pontife d'Occident, il est élevé par l'Église d'Occident, en récompense de sa forfaiture, à la titulature honorifique (et sacrilège pour l'Orient) de patriarche latin de Constantinople. Puis à celle métropolitaine de Chypre, le seul royaume croisé à avoir été préservé sous la férule des Lusignan. Isidore sera ainsi passé, lui aussi, d'un front oriental, l'Est continental, à l'autre, l'Est méditerranéen. Avant de mourir exilé à Rome en 1463.

En 1443, dans la basilique du Saint-Sépulcre, au cœur de la Terre sainte, l'union de Florence a été solennellement anathématisée par les patriarcats de Constantinople, Alexandrie, Antioche et Jérusalem. Mais dans la

La ruée vers l'est

Moscovie, les nouvelles de la trahison puis de la chute de la deuxième Rome se confondent dans le même sentiment d'un châtiment mérité. Isidore de Kiev est voué aux gémonies et règne une atmosphère de fin du monde. Les Grecs ont failli à garder la vraie foi. Les Russes ne failliront pas. Il ne leur reste qu'à s'émanciper de leur tutelle et ce, d'autant plus que ces mêmes Grecs, justement maudits, sont désormais sous le joug islamo-ottoman. En fait, il s'agit de prendre leur place, en recréant ce qu'ils pensent être l'Église impériale, afin d'affronter les Polonais et les Lituaniens qui s'apprêtent à les dévorer. Byzance agonisante a eu pour mot d'ordre « L'orthodoxie ou la mort ». Moscou renaissant des cendres va le faire sien. Mais afin de gagner, et non plus de perdre, la lutte finale.

Une passation schizoïde

Querelles de translation, disputes de filiation, contestations en héritage, rivalités en légitimité, conflits de territoire, accusations de trahison : il n'est pas de tribunal international, ni alors ni maintenant, pour une telle assignation conjointe sur le droit à l'existence d'un seul à l'exclusion de l'autre. Que reste-t-il alors ? Que le plus fort l'emporte, dans les faits et dans les représentations ? par les armes autant que de besoin ?

L'Orient croit connaître le vainqueur et le vaincu. Du moins est-il persuadé que la partie est inégale. À

La crucifixion de l'Ukraine

la fois dans l'histoire et dans l'historiographie. Pour la conscience orientale, l'hégémonie occidentale représente une fatalité. Militaire et politique. Religieuse et culturelle. C'est cela que signifie pour le monde orthodoxe, grec, arabe, balkanique, slave, roumain ou autre, le schisme qui, depuis mille ans et plus, n'a pas cessé de faire de lui un réprouvé. Et qui toujours, sous mille formes, a fini par resurgir. Au cours des siècles de captivité qu'ont engendrés les catastrophes successives et la destruction finale de l'empire de Constantin, Byzance s'est néanmoins survécu grâce à son Église et parce qu'elle s'était transmise aux Slaves.

Moscou a pu alors apparaître comme le seul rempart existant à l'engloutissement ultime. Là encore, cette représentation n'est ni vraie ni fausse. Elle a ses raisons mais aussi ses passions. Ses angles morts également, qui ne vont pas sans suggérer d'importants bémols au lamento victimaire de l'Orient chrétien. Les revendications mémorielles des peuples peuvent aussi être une forme de vindicte à retardement, comme on le dit des bombes que prisent les terroristes. Surtout s'il se trouve des idéologues pour les exploiter.

Dès lors la question est de savoir ce que le tsarisme russe et le communisme soviétique, qui se sont succédé mais que l'on ne saurait confondre, ont fait de l'indéniable filiation byzantine de la Rus' médiévale. Comment ils l'ont réinterprétée, parfois sublimée, mais plus souvent encore, inutile de ménager le suspense, détournée et dénaturée. Comment ils l'ont soumise ou subvertie. Comment l'héritage de la romanité orientale,

La ruée vers l'est

en raison de sa nature duelle, ecclésiale et impériale, a causé une sorte de schizoïdie dans la conscience slave. Comment, à la différence de la conscience byzantine, dépourvue de l'assurance de son bien-fondé, elle a entretenu une rivalité mimétique avec la conscience occidentale. Et comment la supériorité surfaite qu'elle a pu afficher n'a été que l'inversion d'un trouble intérieur, du pressentiment que son affirmation souveraine était aussi une forme de revanche sur son hasardeuse naissance.

Constantinople pouvait se sentir trahie. Moscou se ressentira humilié. Du fin fond de l'Est, la Russie ira chercher dans le choc frontal avec l'Ouest la preuve de sa légitime extraction contre les descendants non moins adultérins qu'aura connus l'Europe, avant que l'Amérique ne les supplante et n'engage son propre procès en filiation impériale. Kiev en fera les frais car son existence ne cessera d'agir comme une contre-marque pour sa cadette se voulant son aînée. Mais en Russie et dans « les Russies », se perpétuera également le legs authentique de Byzance, en contre-testament cette fois de l'illusion impériale. La lutte extérieure pour la puissance engendrera en permanence un combat intérieur pour la grâce.

Dire non à Vladimir Poutine, c'est entendre cette plainte orientale afin de ne pas raviver la discorde dont elle provient, refuser la dérive tyrannique qui en découle et rendre à elle-même l'orthodoxie si longtemps captive des logiques impériales. Toutes plaies que le maître du Kremlin passe au sel rongeant de son nihilisme.

L'Église impériale des Russies

En 1462, deux siècles et demi après la prise de Kiev par les Mongols et une décennie après la chute de Constantinople aux mains des Turcs, Ivan III monte sur le trône de Moscou. Il va chasser la Horde d'Or, combattre l'Union polono-lituanienne, conquérir les principautés de la Rus', unifier un monde slavo-orthodoxe jusque-là fragmenté au-dedans et occupé sur ses bords. Le grand-prince de toutes les Russies innovera surtout en prenant pour armoiries l'aigle bicéphale de Byzance. L'Empire germanique l'a adopté de son côté il y a déjà longtemps, depuis l'an 1378, lorsque Sigismond de Luxembourg a maté l'Europe centrale et orientale de confession latine. La fracture continentale a désormais son emblème de ralliement et de sectionnement.

C'est par son mariage avec Sophie Paléologue, la nièce de Constantin XI, le dernier empereur mort dans l'ultime combat, qu'Ivan légitime cette translation à laquelle il ajoute le 12 décembre 1472, jour de la célébration de ses noces, le titre de tsar, « César ». Fuyant les Turcs, Sophie a d'abord trouvé refuge à Rome auprès du

La crucifixion de l'Ukraine

cardinal Bessarion, le déserteur du concile de Florence. Le pape Paul II, grand helléniste, a béni ce mariage en espérant qu'elle pousserait son Slave d'époux à l'union. Mauvaise pioche. La princesse byzantine est une rebelle. Comme sa sœur Hélène qui a épousé Lazar Brankovic, le despote de Serbie, lui-même fils d'une Cantacuzène. En ce moment de bascule historique, ce sont des femmes qui assument le relèvement du monde orthodoxe.

Ivan III va se faire le champion de la vraie foi. Du moins telle qu'il la comprend, un instrument de pouvoir au service de son projet d'unification. S'il laisse momentanément en paix la Crimée où les Ottomans imposent aux Tatars la tolérance religieuse envers les Grecs, il place fermement dans son orbite militaire les princes arméniens et géorgiens du Caucase, réprime violemment l'hérésie des judaïsants, une secte prônant le retour aux règles bibliques ainsi que l'abolition de toute hiérarchie, et annexe brutalement la principauté de Novgorod en l'accusant d'apostasie pour son traité de paix avec Casimir IV, roi de Pologne et grand-prince de Lituanie.

En 1462, Ivan nomme lui-même le premier métropolite de Moscou et « de toutes les Russies ». Le coup est triple. Il soustrait ce droit au patriarcat de Constantinople, à la primauté désormais affaiblie. Il supprime le co-titre original de Kiev, dorénavant un siège subalterne. Il sous-entend que le périmètre de la nouvelle juridiction est à partir de là extensible, voire sans limites : jusqu'aux bornes de l'ancienne Rus' et par-delà (la Russie

L'Église impériale des Russies

grandira dans la méconnaissance, voire le mépris, de la frontière).

Ce putsch ecclésiastique est une déclaration indépendantiste et impérialiste. Ivan installe les tenants de la charge dans son palais rénové et scintillant du Kremlin, en change s'ils se montrent indociles et envoie des clercs à sa solde occuper les évêchés de Rostov (vers la mer Noire), de Tver (vers la mer Baltique) et des autres cités conquises, Iaroslav, Novgorod ou encore Tchernihiv (vers Kiev). Dans son esprit, il ne fait que suivre le modèle de Frédéric III de Habsbourg avec lequel il correspond en l'appelant « mon cher cousin ». Le dernier gouvernant du Saint-Empire qui aura été couronné à Rome est aussi l'auteur de la formule selon laquelle il revient à la Germanie de gouverner l'univers au nom de l'Église. Et ce, malgré les – ou à cause des – nombreuses difficultés qu'il rencontre à simplement régenter ses affaires temporelles.

Pour Frédéric, la Moscovie orthodoxe est loin et le front se situe pour lui au cœur de l'Europe. Ce sont les révoltes récurrentes des réformistes religieux qui le préoccupent et le forcent à livrer bataille sur bataille. Mais aussi la Hongrie rebelle. À la tête de ses hussards noirs qui recrutent chez les hussites jugés hérétiques par Rome, Matthias Corvin entend protéger l'exception magyare des Latino-germains et des Turco-ottomans, quitte à pactiser pour cela avec les Russo-byzantins. Chez Ivan, l'obsession est la Lituanie, cette alliée de la Pologne, avec laquelle il entre en conflit pour la domination des fleuves du Donets et du Dniepr qui ouvrent

La crucifixion de l'Ukraine

sur la reconquête de l'Ouest et de Kiev où, l'ennemi défait, il prend pied en 1503. Le tsar et le kaiser ont au moins en vrai cousinage la guerre et travaillent de conserve, par leurs insuccès comme par leurs succès, à établir les cartes des futurs nœuds de conflits.

C'est à ce moment-là que Filofei (Philotée), l'higoumène du monastère Éléazar, près de Pskov, rédige sa prophétie appelée à connaître une grande et malheureuse fortune : la première Rome est tombée aux mains des Latins hérétiques, la seconde dans celle des Infidèles musulmans, Moscou doit être la troisième Rome protégée par le tsarat orthodoxe. L'Église russe, consciente malgré tout de sa genèse canonique, refusera toujours d'endosser officiellement cette vision messianique. Mais pas l'État russe. Le ton est donné. Il traversera tous les régimes. Dévasté et déserté sous l'Union soviétique, le monastère Éléazar sera relevé de ses ruines grâce au mécénat de Lioudmila Chkrebneva, ex-épouse Poutine, dont un gigantesque portrait ornera le réfectoire. S'il est une malédiction russe, elle se tient là.

Le martyre du métropolite

La troisième Rome va avoir pour thuriféraire Ivan IV, le petit-fils d'Ivan III. Actant l'idée impériale, le Terrible (*Grozny*, littéralement « le Redoutable ») entreprend de reconquérir tous les territoires avalés depuis le XIVe siècle par l'alliance catholique polono-lituanienne

L'Église impériale des Russies

et en fait un programme de libération confessionnelle : les orthodoxes redeviendront libres en devenant russes. La légende noire de ce grand maudit est connue : une enfance baignant dans les empoisonnements de palais, une adolescence consacrée à maltraiter les serfs et à torturer les animaux, un âge adulte marqué par un goût immodéré pour les dévotions autopunitives, une propension aux sanctions arbitraires et aux massacres collectifs, une politique vouée à l'élimination de l'ancienne aristocratie par la garde policière qu'il a créée et dont les sicaires vêtus de noir sont surnommés les diables par le peuple qu'ils terrorisent. Sans oublier ses huit mariages, dont sept désastreux, le meurtre de son fils aîné cherchant à protéger des assauts paternels son épouse enceinte, l'addiction au mercure dont les effets hallucinatoires excèdent de loin les approximatives vertus médicinales. Le signalement type d'un serial-killer et, par ailleurs, le portrait-robot du tyran russe que l'Occident adorera abhorrer. Celui du despote oriental dégoulinant de sang.

Or, dans le même temps, l'homme montre un sens extrême de sa mission politique. En raison de son baptême orthodoxe qui est aussi celui de la nation dont il porte la couronne, il se veut un fidèle exemplaire dans ses observances ; afin d'assurer l'indépendance de la principauté, il refuse consciemment de se lier par mariage avec une puissance étrangère ; se sachant souverain d'un peuple démuni, il entend combattre les féodalités. À l'intérieur, Ivan IV instaure la tenue d'assemblées citadines et paysannes (le *Sobor*, à l'instar des synodes), rénove le code des lois et l'appareil judiciaire, réforme l'administration et l'armée sur le critère du mérite et non de la naissance. À l'extérieur, il guerroie sans relâche pour protéger ses frontières des incursions que mènent les Suédois et les chevaliers Teutoniques au nord, les Polonais et les Lituaniens à l'ouest, les Tatars de Crimée au sud. En vingt-cinq ans d'expéditions militaires, Ivan IV ne réussira vraiment qu'à sécuriser son flanc est en s'emparant des principautés turco-mongoles que sont les khanats de Kazan et d'Astrakhan. Ces deux conquêtes ouvriront cependant la voie vers l'Oural, la Sibérie, l'Asie, ce qui décuplera l'immensité russe dont la fragilité paraîtra d'autant plus inquiétante à ses gouvernants par la facilité qu'elle offrira aux invasions. Mais en sortira également l'eurasisme, cette alternative au syndrome russe de l'encerclement.

Cette politique rationnelle ne va pas moins engendrer un règne terroriste. Pourquoi ? Parce que, lecteur fervent de la Bible dans laquelle il cherche les signes de son élection divine, le tsar est aussi un lecteur assidu de Machiavel dont il s'est procuré une version du *Prince*. Il est persuadé d'en appliquer scrupuleusement les leçons. Tout particulièrement le chapitre 17 sur l'indifférence au reproche de cruauté pour assurer l'unité et le progrès du pays. Son ambition ultime est la modernisation de la Moscovie afin qu'elle puisse échapper à la prédation de ses rivaux. Les Russes retardent ? Ils avanceront à marche forcée. Ils regimbent ? Ils en seront punis, afin qu'ils comprennent que leur asservissement au sacrifice collectif sera toujours un moindre mal que leur servitude

L'Église impériale des Russies

sous l'étranger ennemi. L'encerclement géographique est aussi mental.

La pente schizoïdique introduite par Ivan III va s'aggraver de l'inclination paranoïde d'Ivan IV. Sa manie va se fixer sur l'Église. Lors de son couronnement, le 16 janvier 1547, il s'est proclamé tsar de toutes les Russies. Nul de ses ancêtres n'avait osé se dire empereur. Sauf son père, mais c'était par le biais de son mariage avec Sophie et les Grecs avaient laissé faire. Lui veut être reconnu comme tel. Que la translation soit ratifiée. Le 24 juin suivant, un immense incendie a détruit Moscou et anéanti ses remparts, palissades et isbas taillés dans des bouleaux. Son confesseur, le métropolite Macaire, qui est aussi le commanditaire de la fable généalogique qui prête à sa lignée dynastique une ascendance héroïque, en a perdu le goût pour la prière. Lui-même en est sorti cloué à une angoisse : et s'il n'était pas le prédestiné mais le réprouvé de Dieu ? Il lui a fallu attendre quatre ans pour qu'arrive de Constantinople, en 1561, la confirmation de son sacre. Et de son titre césarien. Maudits Grecs !

Le patriarche œcuménique Joasaph II n'a pas lu Machiavel mais n'est pas moins un politique qu'Ivan. Afin de contrebalancer la pression insistante de Rome, il est entré en relation avec le grand théologien protestant Melanchthon pour s'informer sur cette Réforme qui conteste, elle aussi, la papauté. Afin d'assurer la transmission de l'hellénisme chrétien, il veut qu'Ivan finance l'école qu'il a fondée à Constantinople. C'est le prix que doit payer l'Aiglon slave pour sa prétention

La crucifixion de l'Ukraine

à se parer de symboles fanés. Un saint chantage mais, tout de même, une extorsion. Lassés de la poigne de fer du patriarche, les membres du synode en profitent pour l'accuser de simonie et le renvoyer au Mont-Athos. Dans la foulée, Ivan, en mesure de rétorsion, prend ses dispositions pour inféoder les hiérarques russes au tsarat. Il n'est pas aisé cependant d'enrégimenter les clercs lorsqu'ils n'entendent dépendre que de l'Évangile et il est toute une tradition de l'insoumission inhérente à la tradition de l'Église. La crainte de Dieu peut être plus forte que la peur du knout.

Les troubles d'Ivan s'accroissent. En 1560, il est convaincu que la mort de la femme de sa vie, Anastasia Romanov, sa première épouse, est due à un empoisonnement ordonné par les boyards. Les paranoïaques ont aussi de réels ennemis et l'hostilité haineuse entre le tsar et les féodaux est certaine : des examens légistes effectués au XXe siècle tendront à vérifier la piste criminelle. En 1567, il a vent d'un complot qui vise cette fois sa personne. La pénurie de blé et l'épidémie de peste font que le peuple gronde. Le tsar ordonne à sa garde policière une vaste répression préventive.

Philippe, issu de la lignée renommée des Kolytchev, est son ami d'enfance. Devenu moine, il a été l'higoumène du monastère des Solovki, tout près du cercle polaire (dont Lénine en 1917 fera le premier centre d'internement et Staline, en 1937, le premier camp d'extermination). Lorsque Ivan lui a proposé la charge de métropolite de Moscou, Philippe a mis pour condition l'abrogation de la garde noire, les *opritchniki*. Ivan a

L'Église impériale des Russies

refusé mais lui a octroyé un droit d'intercession. L'ami naïf et imprudent en use lors de ses prêches dans la basilique de la Dormition, au cœur du Kremlin, l'an 1567 en réclamant l'arrêt des persécutions et la libération des condamnés. Jusqu'à ce qu'Ivan fasse irruption devant l'autel, escorté de ses diables. Le métropolite refuse de bénir le tsar. Arrêté, soumis à un faux procès, déporté, Philippe finira étranglé par Maliouta Skouratov, le tueur en chef du Terrible. Sombre image qui renvoie l'idéal de justice au Jugement dernier et qui va, dès lors, hanter l'imaginaire slavo-orthodoxe.

Ce n'est pas la seule permanence. Parmi ses homologues contemporains, Ivan IV, tout à sa quête éperdue de modernité, n'aura eu qu'une seule affinité élective et, curieusement, avec une femme. Fasciné par les prouesses militaires, industrielles et techniques de l'Angleterre, il écrira longuement à Élisabeth Ire et, s'il lui donnera de la « gamine » ou de la « mijaurée », inaugurant ainsi le style malotru de la diplomatie russe, il lui concédera des droits de libre navigation sur la mer Blanche, pour marquer sa volonté d'un tête-à-tête exclusif entre Moscou et Londres, comme il en ira par la suite avec chaque puissance dominante du moment. Mais le ton monte d'un cran avec les voisins agonis d'injures, dont Casimir de Pologne, prévenu que « les canons » qui sortent à grande cadence des fabriques russes feront taire ses « aboiements de chien crevé ». Là encore, ce n'est que le début de l'antienne.

Pas de quoi émouvoir Élisabeth dont le père, Henri VIII, a également contracté huit mariages, pareillement fondé

La crucifixion de l'Ukraine

un culte national et semblablement fait rouler des têtes, entre autres celle de sa mère Ann Boleyn. La différence est que la mémoire du Byzantin Philippe Kolytchev assassiné par le terrible Ivan provoquera plus d'émules dans l'Église russe que le souvenir des quarante clercs romains tués pour leur désobéissance à l'ogre Henri dans l'Église anglicane. Le martyre du métropolite a mis le feu au bûcher des dissidences russes. D'abord religieuses, ultérieurement politiques.

De flamboyants non-possesseurs

« Depuis toujours chez nous certains regardent vers l'Est et certains regardent vers l'Ouest », constatait le moine Filofei dans son oracle sur la troisième Rome. Lui-même voyait dans cette ambivalence le signe glorieux que la Russie était prédestinée à articuler les mondes sous son empire. Il ne percevait pas qu'il venait d'en décrire l'inexorable tragédie. Elle consiste en la crise que connaît la culture byzantine dès lors qu'elle est réinterprétée dans le cadre de la culture occidentale. Cet hybride, censé ordonner l'exception russe à la finalité de l'hyperpuissance, a pour aboutissement le chaos de l'hybris russe. Fécond dans l'art ou la littérature, un tel croisement n'est pas que stérile en politique, il peut aussi se révéler destructeur.

Dès les débuts de la Moscovie advient une première crise significative, celle entre le monachisme contem-

L'Église impériale des Russies

platif et le monachisme civilisateur. Pour organiser le territoire, l'État naissant veut faire des couvents des offices notariaux et des organismes agricoles (autrement dit, le kolkhoze soviétique avant la lettre). Ce qui revient à institutionnaliser le don charismatique que la spiritualité chrétienne orientale oppose à toute idée de tutelle administrative. Dans la seconde partie du XVe siècle, l'ermite Nil de la Sora s'insurge contre cette dérive et prend la tête du mouvement des non-possesseurs : comme l'a enseigné depuis toujours la tradition des Pères, l'Église ne peut être riche que de ses pauvres. C'est seulement avec le refus des propriétés terrestres que commence le pèlerinage vers les demeures célestes.

Nil entame son propre exode spirituel par un retour aux sources. Il part pour Constantinople et Jérusalem, séjourne à l'Athos et au Sinaï afin de se mettre à l'école de l'hésychasme. À son retour en 1473, il crée un skite, une colonie de solitaires, sur les rives de la Sora, un affluent de la Volga près de Novgorod. Depuis sa cellule, par ses écrits, ce copiste de métier se fait l'apôtre d'une spiritualité du dénuement fondée sur la « prière de Jésus » et l'expérience du cœur qui, rapidement, s'étend à toutes les Russies et descend jusqu'aux ermitages de Kiev. De quoi s'assurer l'amitié des serfs, mais aussi l'inimitié des féodaux et des abbés dont l'alliance repose sur le troc entre dons philanthropiques et absolutions sacramentelles.

Joseph de Volokolamsk, le contradicteur en chef de Nil, dépasse ce médiocre arrangement. Il ne se satisfait pas du marchandage, mais réclame la munificence.

La crucifixion de l'Ukraine

Contre l'érémitisme qu'il juge ferment d'anarchie, il défend le cénobitisme, la communauté conventuelle qu'administre la règle, que contrôle le supérieur et que la paroisse doit prendre comme modèle d'obéissance. Dans son manifeste sous forme d'épître contre les non-possesseurs, il postule que le monastère est l'image de la cité idéale naturellement enrichie pour la plus grande gloire de Dieu : de l'éclat de sa magie esthétique et économique dépend l'intensité de son magistère moral. C'est sans surprise que Joseph rallie à sa conception d'une Église de l'ordre les féodaux puis le grand-prince. Et que le Sobor, le synode réuni autour du métropolite, l'entérine.

Le conflit devient public avec l'affaire des judaïsants, hérétiques dont le procès se tient à Novgorod en 1490. Guennadi, l'évêque du lieu, soucieux de plaire à Ivan III, est pressé de brûler tous les suspects arrêtés sur dénonciation lors de vastes rafles afin de leur procurer un avant-goût des flammes de l'enfer. Nil sort de son ermitage et vient plaider la cause des accusés en arguant qu'un simple acte de repentance suffira à les exonérer de leur crime improbable. Il réussit à convaincre les juges. À tout le moins, à les intimider. Mais seulement sur le moment et sur place.

Le bûcher éteint à Novgorod va être rallumé à Moscou. Joseph de Volokolamsk a réagi à ce qu'il voit comme une scandaleuse faiblesse en publiant un nouveau traité polémique intitulé en toute sobriété *L'Illuminateur*, rôle qu'il prête au tsar. Il postule que le souverain est de droit divin pour autant qu'il protège

L'Église impériale des Russies

la foi. Comment ? En mettant les moyens de l'État à disposition de l'Église pour éradiquer les hérésies, autrement dit en exterminant leurs suppôts. Or son manifeste n'est qu'une imitation servile des manuels inquisitoriaux qui se multiplient en Europe. Avec lui, l'Église moscovite choisit la copie contre l'original. La contrefaçon politico-religieuse empruntée à l'Occident sera immanquablement plaquée à la va-vite en Russie. Elle virera souvent à la terreur. Et toujours au grotesque.

Mais avec le soulèvement des non-possesseurs est également née l'épopée russe du peuple souffrant, des humbles qui ont pour guides les moines et, parmi eux, l'« Ancien », l'*abba* en araméen, le *gérondas* en grec, le *starets* en slave, l'ascète éprouvé et accompli dans la mystique de l'Évangile vécue au désert. D'où la prédilection pour les terres inhospitalières du Grand Nord que montre ce mouvement néomissionnaire. Mais qui s'étend aussi vers le sud, le Donets apparaissant dans les récits hagiographiques comme la frontière à dépasser pour renouer avec les racines kiéviennes. L'élan est panrusse. La vie sacrificielle des ermites devient l'icône du sacrifice existentiel des pauvres : le Royaume promis par les béatitudes croît en proportion inverse des promesses des biens démenties par l'Empire. Et il est dans chaque apparente défaite une secrète victoire. Intérieure, invisible, mais flamboyante parce que incessible. Ce n'est pas le tsar, c'est le peuple qui est christophore, « porteur du Christ ».

Les deux théories vont être appliquées à Kiev de manière mixte, ainsi qu'en témoigne la chronique paral-

La crucifixion de l'Ukraine

lèle de la laure des Grottes. L'ancienne capitale de la Rus' appartient alors à l'Union polono-lituanienne, mais c'est par son socle monastique qu'elle reste reliée à son passé. La piété orthodoxe demeure si forte dans le peuple que l'occupant catholique a dû se résoudre à la tolérer. Comme l'a fait d'ailleurs, à l'autre bout de l'ancien Empire byzantin, au Levant et au Caucase, le conquérant islamo-ottoman.

En 1482, les Tatars de Crimée ont ravagé la ville et la laure. Tout le siècle suivant a été employé à restaurer la splendeur de ce sanctuaire collectif. Le programme de Joseph a été suivi avec ampleur, les chapelles et basiliques nouvellement construites s'entassant sur le site. Un métochion, un prieuré mandataire, a été ouvert à Moscou pour recueillir des dons et, à l'orée du XVIe siècle, la laure est l'un des grands propriétaires terriens sur les rives du fleuve Dniestr. Mais, une fois passé l'imposant portail de cette cité dans la cité, il s'avère que plusieurs communautés monastiques l'habitent. Et que les grands ensembles cénobitiques sont entrecoupés de skites hésychastes. L'aristocratie fréquente les premiers, la plèbe les seconds.

Ici aussi, la tension ne fait que commencer. Elle est de nature eschatologique, comme il se dit en théologie : elle s'applique aux fins dernières, au monde à venir par-delà le monde présent et transitoire. Mais, autre métamorphose russe de ce fondement byzantin, alors que les visiteurs de Sainte-Sophie ne savaient plus s'ils étaient au Ciel ou sur Terre, leurs héritiers moscovites pensent à faire descendre le Ciel sur la Terre.

L'Église impériale des Russies

Vieux-croyants, éternels rebelles

La translation de l'empire ne signifie pas pour autant la transmission de l'orthodoxie. Loin s'en faut. Pour s'approprier la première, la Russie naissante va s'arroger la seconde. Dès qu'émerge l'idéologie tsariste, Moscou entre en lutte contre Constantinople et entreprend un putsch ecclésial. C'est le Sobor dit des Cent Chapitres qui, convoqué par Ivan le Terrible en 1551, réunit autant de féodaux que de hiérarques. La question qu'il est censé résoudre, « Faut-il conformer les usages ecclésiaux russes aux normes grecques ? », trouve vite sa réponse. Ce sont ces dernières qu'il s'agit de proscrire, l'unification du territoire passant par la nationalisation du rite. Un nouveau code de droit canon est promulgué qui, outre un fatras de pratiques folkloriques ou chamaniques, consacre le culte d'État : la garantie des biens ecclésiastiques d'un côté, l'assimilation du clergé à la fonction publique de l'autre, et la coresponsabilité dans la moralisation des masses scellent le pacte.

Les Cent Chapitres suscitent la protestation unanime du monde monastique orthodoxe, de Moscou, Novgorod et Kiev à l'Athos, la Terre sainte et le Sinaï. À Constantinople, à l'instar de son lointain prédécesseur Joasaph, Jérémie II mène une politique ambitieuse. Ce fils de bonne famille, éduqué dans les matières classiques, a le soutien du puissant clan des Cantacuzène qui maintient l'esprit de résistance initié par l'empereur et moine hésychaste. Pour ne pas rester l'otage des

La crucifixion de l'Ukraine

Ottomans, le patriarche entre en relation avec les cardinaux du pape Grégoire VII et les théologiens protestants de Tübingen. Mais son coup diplomatique majeur va être l'octroi de l'autocéphalie (« autogouvernement ») à la métropole de Moscou et son érection au rang de patriarcat : l'intérêt de ramener les Russes à la raison, et à la tradition, tient au fait qu'ils constituent le seul peuple orthodoxe libre.

Jérémie se rend lui-même en Russie, alors plongée dans le Temps des troubles, compose avec le régent Boris Godounov et, le 26 janvier 1589, intronise le métropolite Job patriarche de Moscou et de toutes les Russies. En 1591, le synode du siège œcuménique confirme sa décision et, en 1593, classe la nouvelle entité au cinquième rang d'honneur. Une manière de rapiécer la pentarchie, mais la nouvelle venue a du mal à entrer dans ce cadre antique : contrairement à Constantinople, Alexandrie, Antioche, Jérusalem, elle ne se limite pas à être une Église, elle se conçoit aussi comme la gardienne d'un empire.

Soixante ans plus tard, Nikon, le septième patriarche de Moscou, va incarner cette tentation. Fils de paysan, prêtre marié, amertumé par la perte de ses enfants sous les vagues d'épidémies, il a convaincu son épouse qu'il ne leur restait qu'à prendre l'habit et à mener une vie de prière. Tour à tour ermite sur la mer Blanche, higoumène de grands monastères dominant les lacs et les fleuves, métropolite de Novgorod, Nikon est élu sur le siège de toutes les Russies le 1er août 1652. Lors de son intronisation, il réclame d'Alexey Ier, le deuxième

L'Église impériale des Russies

des Romanov à régner, ainsi que des boyards qu'ils se prosternent devant lui et exige des ecclésiastiques qu'ils lui prêtent serment d'obéissance absolue.

Fasciné, le tsar va faire du patriarche son ami intime et le régent des affaires courantes lorsqu'il partira, et ce sera souvent, à la guerre. Principalement contre les Polono-lituaniens et dans l'espace de l'Ukraine actuelle. À Moscou, on s'habitue à un pouvoir bifrons, tel Janus. Le tsar, le patriarche ? Le tsar et le patriarche ! Ce qu'Alexey ignore est que Nikon est membre d'une fraternité secrète, les Amis de Dieu, des zélotes de la piété pour qui les infortunes du pays découlent de son manque d'orthodoxie. Le nouveau primat entend restaurer la suprématie de l'Église sur l'État. Dans la sphère des choses divines, précise-t-il. Mais son programme spirituel, qui consiste en une religiosité accrue de la société, se distingue mal d'un projet politique, sphère dans laquelle le clerc ne cesse d'intervenir au titre de son copinage badin avec le souverain médusé par tant d'aplomb.

Moscou ne peut être la risée de Constantinople pour ses injustifiables déviations ou bizarreries dévotionnelles et les Cent Chapitres doivent être rangés dans la case des mauvais souvenirs. Nikon entreprend de purger les usages russes : signes de croix, gestes de prosternation, livres liturgiques, recueils canoniques, modèles vestimentaires, iconographiques, architecturaux, rien de singulier ne doit échapper au feu purificateur. Mais c'est aussi dans les flammes que vont finir les réfractaires à cette violente réforme, à commencer par le prêtre Avvakoum,

La crucifixion de l'Ukraine

martyr prototypique de l'épopée des vieux-croyants dont Pierre Pascal a été le chantre.

Le *Raskol*, « schisme » en russe, est né. Ce mouvement de réaction identitaire entraîne un vaste soulèvement populaire. Et une répression tout aussi massive dès son apparition, recommencée à l'occasion de cycles intermittents de persécution. Au XVIIe siècle, au cœur de la fournaise, dénonçant dans le tsarat l'Antéchrist et dans le patriarcat, le Léviathan, arrêtés, déportés, exécutés, les vieux-croyants choisissent souvent l'immolation collective par le feu plutôt que d'avoir à apostasier leur fidéisme sous la torture. Les survivants, jetés sur les routes, vont former des colonies autarciques dans les régions excentrées de Sibérie, du Caucase et d'Ukraine, dont les abords de la Crimée alors dépeuplés. Au cours des siècles suivants, ils se reproduiront en reproduisant de génération en génération leurs rites immuables dans l'attente orante de la fin du monde qui leur rendra justice. Le Raskol va de la sorte rester vivant : il compte encore aujourd'hui deux à trois millions de fidèles.

Au pays de l'iconographie, par leur culte du sacrifice, les vieux-croyants ont anticipé, en lui conférant une sorte d'ébauche figurative, le nihilisme activiste, radical et suicidaire, qui incendiera la Russie à la fin du XIXe siècle : Dostoïevski fera du Raskolnikov de *Crime et Châtiment* leur homonyme et émule, repentant d'avoir été détourné par Napoléon et Hegel du Christ russe. Eux-mêmes, selon le sort social coutumier aux minorités ostracisées, auront formé entre-temps une caste de marchands et se seront paradoxalement distingués comme de grands

L'Église impériale des Russies

collectionneurs d'art impressionniste avant que leurs acquisitions, confisquées par les Bolcheviks, ne viennent enrichir les musées d'État. Une spoliation et répression de plus dans leur interminable martyrologe.

Par sa persistance, le Raskol est surtout demeuré la mauvaise conscience de l'imaginaire slavo-orthodoxe. Où est la Russie ? Dans les palais et les basiliques ou dans les forêts et les isbas ? Quel est son destin ? Dominer ou fuir le monde ? Triompher ou prier ? Se pourrait-il qu'elle se soit depuis toujours trahie ? La dimension apocalyptique, dont la sédition des vieux-croyants a imprégné la conscience des peuples russe, biélorusse et ukrainien, est irréfragable.

Un patriarcat mort-né

L'institution patriarcale est-elle indispensable au pouvoir impérial ? Surtout lorsque, au lieu de cimenter l'unité que promeut l'État, l'Église la fissure par ses prétentions à ordonner le culte. Le problème n'est pas de réprimer le Raskol (cela va de soi et sera fait sans mesure), mais qu'il existe et qu'il doive son existence à cette aspiration incessamment inassouvie du peuple russe à la spiritualité que le clergé ne satisfait pas mais, au contraire, ravine. Perdant sur le plan religieux, encombrant sur le plan politique, Nikon a cessé d'amuser Alexey. Le tsar prend ombrage de l'ascendant du patriarche dans les affaires temporelles. Il est temps

La crucifixion de l'Ukraine

de se séparer du personnage, opération que facilite son isolement dont il a été le premier artisan. Tombé en disgrâce, invité à démissionner, refusant d'obtempérer, Nikon trouve encore la force d'entamer un ultime bras de fer. À l'été 1658, célébrant au Kremlin la fête de la Dormition, il se défait ostentatoirement de ses ornements patriarcaux et part sans un mot en exil volontaire. Où ? Dans le monastère de la Nouvelle Jérusalem qu'il a fondé à Istra, non loin de Moscou, et qui a tout d'une forteresse hérissée de remparts et de meurtrières.

Pendant deux ans, le tsar n'ose réagir. Pour surmonter le blocage institutionnel, un concile local est convoqué. Les métropolites, évêques, archimandrites, higoumènes, protopresbytes dont les rangs sont indexés sur les grades militaires votent la déposition de Nikon, avant de se raviser et de statuer qu'ils ignorent s'ils sont légitimes à l'avoir fait : le blâme reste, le patriarche aussi. Six nouvelles années passent, consacrées à consulter les canonistes, lorsque surgit l'idée d'un Grand Concile où seraient invités les patriarches orientaux de l'ancienne pentarchie (là est au fond l'autorité). C'est sous la présidence de Païssios d'Alexandrie et de Macaire d'Antioche qu'au mois de décembre 1667 les clercs des territoires couvrant l'ancienne Rus' destituent à l'unanimité Nikon, l'excluent du sacerdoce, le réduisent à l'état monastique et le condamnent à l'exil au monastère de Ferapontov, sur la Vologda, dans l'extrême Nord (hormis les fresques de Dionissi, iconographe contemporain de Roublev, un pur lieu de séclusion).

Le siège patriarcal est demeuré vacant pendant neuf

L'Église impériale des Russies

ans. Il va encore exister pendant treize ans, épuiser quatre titulaires dont la principale tâche sera d'appliquer l'autre décision du Grand Concile, la répression du Raskol qui résiste héroïquement à son extinction. Le salut viendra une fois de plus du mouvement monastique qui entreprendra d'évangéliser la Sibérie et fondera en 1671 la première église orientale en Chine depuis celles édifiées par les missionnaires assyro-chaldéens au VIIIe siècle. La puissance russe perce en Europe, la spiritualité russe pérégrine en Asie. Le patriarcat russe erre dans sa prison dorée de Moscou.

C'est une institution moribonde que va décapiter Pierre le Grand dans les premières décennies du XVIIIe siècle. Au retour de son voyage dans les fascinantes contrées de l'Ouest, le jeune dynaste a décidé de mener la modernisation de la Russie à grands pas. Il change de capitale, délaissant Moscou l'orientale pour créer Saint-Pétersbourg la nordique ; il change aussi de titre, abandonnant celui de tsar pour celui d'*imperator* ; de stratégie, jouant autant des traités commerciaux que des conflits militaires ; de société, en favorisant l'adoption des lois, des mœurs et des techniques venues d'Occident. Et, enfin, de cadre religieux en affrontant directement l'Église orthodoxe qui se pose en avocate des traditions russes.

Relativiste en termes de foi et insensible à la spiritualité, voyant dans le sentiment religieux un obstacle à sa politique réformiste, Pierre préfère aux longues liturgies les soirées de beuveries avec ses conseillers où la principale distraction est de parodier les hiérarques du patriarcat et leurs indignations toutes cléricales contre les oukases impériaux qui les essorent : une fois c'est un impôt spécial qui frappe le port de la barbe, une autre c'est la réquisition des cloches pour les fonderies de canon qui est promulguée. Ce ne sont pourtant que des préliminaires.

L'empire a commencé de s'agrandir, toujours dans l'optique de vaincre la hantise de l'espace, de dissiper le brouillage originel des frontières, d'aller encore un peu plus loin chercher la preuve de son existence. Il lui faut paradoxalement toujours plus de limes à conquérir pour se protéger de l'étranger. Mais à force d'en gagner, même s'il reste majoritairement orthodoxe, il acquiert un caractère toujours plus multiconfessionnel. L'Église ne peut plus se confondre avec l'État. Il faut qu'elle en devienne l'instrument. Docile et servile comme il en va dans les pays scandinaves et cette Suède avec laquelle la Russie est en guerre ouverte et dont les pasteurs austères bénissent les redoutables artilleurs.

Le patriarche Adrien meurt en 1700. Il ne sera pas remplacé. Dans la période qui suit, les décrets se succèdent. En 1711, les affaires de l'Église sont confiées au Sénat dès qu'elles comportent un volet administratif. En 1712, est acté le projet d'une traduction autorisée de la Bible à partir de la version hébraïque et non plus la grecque ainsi qu'il était de tradition. En 1716, est édictée l'obligation pour les évêques des territoires éloignés de prêter un serment de fidélité politique et de bonne gestion renforçant celui mis en place un peu plus tôt et s'appliquant à tout le haut clergé. En 1718, est

L'Église impériale des Russies

instauré un Collège ecclésiastique en charge des affaires religieuses, dont le siège est fixé non pas à Moscou mais dans la nouvelle capitale, à Saint-Pétersbourg, signe qu'il s'agit bien d'un organe étatique. En 1721, le patriarcat est aboli, le Collège laisse la place au Très-Saint-Synode qui réunit les métropolites de Saint-Pétersbourg, de Moscou et de Kiev, ainsi que le primat de Géorgie, des évêques tournants et des fonctionnaires nommés par la Cour sous la présidence d'un laïc qui a rang de ministre des Cultes et dont le titre est l'*Oberprokuror*.

Retour à la case départ

Le règlement continue de copier le modèle du Synode luthérien alors en vigueur dans de nombreuses nations de la Réforme : l'État décide, l'Église exécute. Il ne s'agit pas seulement d'affaiblir le pouvoir spirituel mais d'en faire un exemple organique de la transformation politique. Dans le cas russe, l'européanisation de la société requiert l'occidentalisation de l'orthodoxie. Pierre le Grand vient ainsi de lancer la controverse entre les slavophiles et les occidentalistes qui n'a toujours pas tari. Ou plutôt de la relancer car elle se ramène au constat originel du moine Filofei, au XVIe siècle, sur le partage de la Russie entre l'Est et l'Ouest.

Or ce partage a, au même moment, pour foyer théologique l'ancienne capitale de la Rus'. Kiev est restée fidèle à la foi orthodoxe, mais difficilement sous les

La crucifixion de l'Ukraine

assauts des partisans de l'union avec Rome. Moscou a redéployé son influence sur la rive gauche du Dniepr mais demeure sur ses gardes. La création du Saint-Synode va sceller l'annexion religieuse qui a été amorcée un peu plus tôt à l'encontre de Constantinople. La nouvelle institution marque la victoire d'un clerc kiévien, Théophane Prokopovitch, dont la destinée illustre la croisée des chemins qu'offre alors le pays qui sera l'Ukraine.

Théophane a étudié à l'Académie gréco-latino-slave qu'a fondée en 1632 le Moldave Pierre Mohyla, métropolite en titre de Kiev et fidèle au patriarcat œcuménique. Mohyla a voulu donner à l'orthodoxie les moyens intellectuels de lutter contre l'envahissante théologie latine, conceptuellement surarmée, mais a fini par latiniser la théologie orthodoxe. C'est tout naturellement donc que son premier cursus achevé, le jeune Théophane poursuit ses études dans les écoles jésuites de Pologne puis au collège Saint-Athanase de Rome : cette institution universitaire a été créée par Grégoire XIII pour former les transfuges de l'Orient chrétien appelés à devenir les cadres des Églises « uniates », rattachées au siège pontifical. Théophane y apprend surtout à nourrir une profonde aversion pour la papauté, se découvrant sans doute au sein de cet aréopage un incurable métèque, et commence à s'intéresser au protestantisme dont il envie la modernité.

Sur les derniers deux siècles écoulés, les guerres de religion ont entraîné une complète refonte politique de l'Europe occidentale. Au nord, les pays scandinaves,

L'Église impériale des Russies

la Suède, la Norvège et le Danemark, ont renoncé au catholicisme, sont devenus luthériens et ont constitué cette confession en religion d'État. L'Estonie et la Lettonie, ou encore la Finlande ont suivi. Seule la Lituanie, mitoyenne de la Pologne, est demeurée comme sa voisine latine et romaine. Au centre, la grande Allemagne, de la Prusse à la Bavière, s'est partagée entre protestants et catholiques. Soumis à l'Autriche, les Slaves de l'ancienne Grande-Moravie ont été replacés sous la tutelle de Rome : les Slovaques ont connu la prohibition de la Réforme ainsi que le rattachement de l'orthodoxie au Saint-Siège, tandis que les Tchèques massivement convertis au protestantisme ont expérimenté une reconversion aussi massive mais forcée au catholicisme.

C'est la carte de cette redistribution religieuse, aux effets durables jusqu'à nos jours, que médite Théophane Prokopovitch. Il a l'impression d'en être le jouet. Comment s'émanciper ? De retour à Kiev, le clerc errant rejoint l'Église orthodoxe de son enfance, prend parti pour le mouvement cosaque, rallie finalement le grand frère russe et se signale auprès de Pierre le Grand par ses odes enamourées jusqu'à ce que l'empereur le remarque, le fasse venir à Saint-Pétersbourg et le nomme son conseiller religieux. Le Grand veut le Progrès ? Mieux vaut alors la Réforme que la Contre-Réforme, dont le face-à-face déchire le Vieux Continent. Théophane Prokopovitch se donne pour feuille de route de protestantiser l'Église russe. Et y parvient. Mais seulement en surface. Le parti monastique se bunkérise dans les skites et bat le rappel du peuple en l'exhortant à garder la foi de ses pères.

Cette trajectoire récapitule, selon la formule de Georges Florovski, la « captivité babylonienne » que la théologie orthodoxe connaît aux Temps modernes. Les credo extensifs pleuvent depuis le xve siècle. Ils donnent lieu à l'ère des confessionnalismes à partir de laquelle se solidifient les identités catholique, protestante, orthodoxe qui, auparavant autrement plus fluides, se déclinaient de manière culturelle plutôt que doctrinale. L'orthodoxie, faute de moyens que lui ravit l'histoire, est obligée d'énoncer ses intuitions fondamentales dans des langues qui ne sont pas les siennes.

L'Ukraine est bien le lieu majeur où se joue la représentation civilisationnelle que l'Église impériale russe se fait d'elle-même, en raison des combats interconfessionnels qui s'y déroulent, mais aussi de la vitalité spirituelle et intellectuelle qui s'y manifeste. Pour comprendre ce retour aux origines, qui voit le siège de Kiev retrouver sa valeur capitale, un petit crochet temporel s'impose avant d'aborder le grand choc des empires.

La bataille pour Kiev

Depuis le XIVe siècle, les traités d'union se succèdent entre la Pologne et la Lituanie. Ils aboutissent en 1569 à la fondation, à Lublin, de la République des Deux Nations. En fait, un empire. Et d'abord religieux : rien n'est facile entre ces Slaves et ces Baltes, sauf leur commun catholicisme. Or les territoires qu'ils absorbent, le sud de la Biélorussie, l'ouest de l'Ukraine, sont peuplés d'orthodoxes. Soit la confession de la grande ennemie voisine, la Russie, qui déploie parallèlement son propre projet impérial. Le conflit est inévitable. Il prend en otage les populations locales et limitrophes de chaque bordure.

C'est ainsi, de manière géographique et géopolitique, que s'inscrit au cœur de l'Europe le phénomène de l'uniatisme, de la création d'Églises à partir de communautés dissidentes issues du christianisme oriental qui, acceptant la juridiction de Rome, deviennent ainsi « catholiques ». Le phénomène s'est d'abord développé au Levant, où il a été d'ordre surtout sociologique. Les orthodoxes vivent dans un seul empire à l'est de

La crucifixion de l'Ukraine

la Méditerranée qui est musulman, ottoman, communautariste et ils y seront un des enjeux du long conflit d'usure entre la Sublime Porte et l'Occident. Alors que les orthodoxes de l'est de l'Europe vivent à cheval sur plusieurs empires qui se déclarent chrétiens, d'où des conflits qui prendront la forme de guerres cycliques à visées territoriales. Ce qui affectera la perception, chez les Slaves, de l'histoire comme une longue suite de violences.

Sang pour sang

L'uniatisme ? Le mot est jugé aujourd'hui péjoratif. Il naît en Ukraine en 1591, lorsqu'une fraction de l'épiscopat orthodoxe prête serment au pape. Depuis les croisades, et surtout depuis la chute de Constantinople, actant les échecs des conciles de Lyon et de Florence, Rome considère que le rattachement au cas par cas, rite après rite, représente la voie la plus efficace vers l'union de tous les christianismes historiques sous son aile. Ce qui va donner sur quatre siècles la création d'Églises catholiques orientales de culte propre et de droit propre en théorie, mais latinisées dans leur langue, leur théologie, leur liturgie, leur discipline en pratique. Orthodoxes au-dehors, catholiques au-dedans : leur existence ambivalente et ambiguë est une des conséquences concrètes de la compétence universelle que revendique le souverain pontife.

La bataille pour Kiev

Comme s'il n'a pas suffi, s'indigne l'Église orthodoxe, des patriarcats latins de Jérusalem, Antioche ou Constantinople, ces clones qui lui étaient d'ores et déjà intolérables ! Elle va vivre ces séparations comme une entreprise systématique d'amputation. Elle les assimilera au péché mortifère pour elle du christianisme occidental, la quête de l'hégémonie. Les Latins et Germains sont des adversaires, mais les uniates, des faux frères et des traîtres. Ils ont cédé à la séduction de la « protection » promise par les puissances occidentales en Méditerranée orientale, à la fascination de la force en Europe orientale et n'ont gagné qu'une soumission pour laquelle ils ne sont même pas récompensés. Ou à peine.

Que l'œuvre missionnaire du catholicisme et du protestantisme se soit exercée dans les deux Orients en milieu presque exclusivement chrétien, et au détriment des christianismes autochtones, va demeurer un scandale et une blessure dans la conscience historique de l'orthodoxie. Aux Temps modernes, comme dans l'Empire ottoman, ses fidèles vont être des sujets de second ordre traités avec suspicion et sévérité au sein des ensembles impériaux polonais-lituanien puis austro-hongrois. Pour sortir de cette prison confessionnelle, il faut se convertir. Ou parier sur l'avènement de la Russie, le seul pays orthodoxe alors libre. Laquelle a néanmoins son propre agenda de puissance dominante et dont l'action ne relève pas que de la philanthropie.

L'Orient oriental est cruel, l'Orient occidental, brutal. À partir du XVIe siècle, les alentours du carrefour de la Grande-Moravie où se sont initialement heurtés

La crucifixion de l'Ukraine

Carolingiens et Byzantins connaissent la multiplication de communautés plus ou moins fournies qui, initialement de rite orthodoxe, passent ou sont forcées de passer à Rome. Quand l'attraction pastorale peine, le fer gouvernemental parachève le travail de persuasion. La clé de ces transferts est l'assimilation de l'identité religieuse à l'identité politique, le maintien du culte à la condition de sa transformation culturelle. La latinisation est alors comprise comme une occidentalisation. À rebours, la resubordination forcée à l'orthodoxie (en fait au patriarcat de Moscou puis au Synode russe devenus des instruments d'État), sous les avancées de l'empire tsariste, et la réorientalisation à nouveau obligée de ces communautés métisses seront pensées (et vécues) sous les auspices d'une désoccidentalisation à la fois théologique et politique.

Le temps de ces combats est loin pour les Églises catholique et orthodoxe : leur Haut-Comité conjoint de dialogue a décrété, dans sa déclaration de Balamand en 1993, que l'uniatisme avait été une erreur tragique, qu'il avait contrevenu à la recherche réelle de l'unité et qu'il s'agissait de ne plus le répéter. À charge pour les Églises orientales unies de se faire discrètes (au nombre de 23, elles totalisent un petit pour cent des ouailles romaines). La déclaration a été reçue avec humilité par les hiérarchies unies d'Alexandrie, Antioche ou Jérusalem, souvent nostalgiques de l'orthodoxie. Elle a provoqué dépit et colère à Lviv. La mainmise soviétique sur les communautés gréco-catholiques d'Ukraine (et de Roumanie) s'est en effet doublée à partir de 1945

La bataille pour Kiev

d'une persécution ouverte et massive recourant aux moyens de la propagande antireligieuse communiste qui a parachevé la détestation de la Russie.

Contrainte pour contrainte. Sang pour sang. Plus la maximalisation totalitaire. Et l'impératif du relèvement national. Un mélange qu'il aurait été urgent de démêler avant que la guerre à nouveau ne s'en empare.

Premières escarmouches

En 1587, c'est grâce à l'intervention de Jacque Savary de l'Ancosme, l'ambassadeur de France à Constantinople, que Jérémie II a gagné le droit de se rendre en Russie. Le diplomate a cependant posé pour condition au patriarche œcuménique un passage obligé par les territoires slaves qu'occupe la Pologne-Lituanie afin qu'il puisse mesurer les bienfaits qu'apporte l'union avec Rome. Et qui sait, qu'il finisse par l'adopter.

Mais lorsqu'en 1589 il arrive à Kiev, la métropole historique qui dépend de sa juridiction, Jérémie constate que règne la plus grande confusion. La situation qu'il trouve corrobore le rapport que lui en a fait Joachim, le patriarche d'Antioche qui, trois ans plus tôt, en 1586, a lui aussi visité la capitale de l'ancienne Rus' : en Galicie, la province la plus à l'ouest et la plus occidentalisée, ainsi qu'en Ruthénie, la région subcarpatique qui la coiffe, pullulent les émules d'Isidore, le renégat constantinopolitain de Florence qui est devenu le légat romain

La crucifixion de l'Ukraine

auprès des Slaves. Autrement dit, sur cette zone diffuse entre l'Ukraine, la Pologne, la Slovaquie, la Roumanie et la Moldavie actuelles, les Latins à nouveau avancent.

Depuis l'union de Lublin que Cracovie et Vilnius ont signée en 1569, l'uniatisme est passé à l'offensive sous le commandement des jésuites, les cornettes de cette croisade missionnaire que mènent des chrétiens envers des chrétiens. Le ralliement à Rome profite de l'accablante richesse dont font montre les métropolites orthodoxes en bons adeptes de Joseph de Volokolamsk, mais aussi de l'appui politique du nouveau pouvoir central. Les orthodoxes dévots réagissent en créant des fraternités laïques d'inspiration hésychaste et d'ambition indépendantiste. Elles serviront d'armature spirituelle et intellectuelle, le siècle suivant, au mouvement confédéral des Cosaques zaporogues et de leur révolte populaire. Au titre de l'unité entre confession et nation qu'implique l'évangélisation byzantine.

Pour l'heure, le patriarche Jérémie n'a pas la main heureuse avec les clercs locaux qu'il nomme métropolites ou exarques : Onesiphore Devochka, Michel Rohoza, Cyril Terletskyi eux aussi par patriotisme, mais selon le calcul inverse des fraternités laïques, se rapprochent de la hiérarchie latine polonaise et entament des pourparlers d'union. En 1595, leurs représentants sont à Rome pour négocier l'accord. Le 23 décembre de la même année, l'union est proclamée à Brest-Litovsk, ville biélorusse à la frontière entre les mondes slaves occidental et oriental, à la perpendiculaire de Vilnius et de Lviv, équidistante en latitude de Varsovie et de Kiev (là où

La bataille pour Kiev

en 1918 Lénine signera le traité de paix éponyme entre l'Alliance germanique et l'Union soviétique).

Les élites ecclésiastiques ne font que suivre le mouvement de conversion des élites nobiliaires. Elles adhèrent au principe de tolérance confessionnelle édicté par la Diète, le Parlement polonais, en 1573. Mais dès qu'il s'agit du peuple, il se révèle malheureusement de façade. Pour accéder aux pleins droits, il faut présenter un certificat de catholicité. Dans la basilique de Brest, les clercs approuvent l'union, les moines et les laïcs la refusent. Les autorités politiques n'en ont cure. Elles établissent la branche gréco-catholique (« uniate ») comme l'unique détentrice légitime de la métropole de Kiev et de la Rus'. Gédéon Balaban, nouvellement nommé exarque de Constantinople, mandaté comme plénipotentiaire pour faire valoir les droits historiques du siège œcuménique, est l'évêque d'une Église illégale qui est sommée d'abandonner ses paroisses et ses monastères et de se fondre dans la clandestinité.

Par deux fois, en 1596 et en 1598, la laure des Grottes de Kiev est prise littéralement d'assaut par les uniates qui en réclament la propriété. Chaque fois, les moines et les masses populaires défendent les armes à la main ce sanctuaire de l'orthodoxie locale. La basilique Sainte-Sophie, érigée par Iaroslav, le fils de Vladimir, connaît les mêmes combats et les mêmes barricades. L'union a engendré un climat rampant de guerre civile. Un sujet de consternation pour Varsovie qui escomptait la pacification des masses autour du même calice.

La crucifixion de l'Ukraine

La percée cosaque

En Orient, tout commence et tout finit indissolublement en mystique et en politique. La résistance à l'uniatisme se double du sentiment qu'une communauté de destin la fonde ou en découle, au choix, et qu'elle doit affirmer sa souveraineté. Le sursaut religieux est vécu comme une renaissance populaire. Le nom d'Ukraine, les « marches », la « zone frontalière », l'« entre-deux », apparaît et peu à peu s'impose. Il provient du vocabulaire canonique pour signifier les juridictions ecclésiastiques lointaines et devient usuel pour les autochtones. C'est celui que Bohdan Khmelnytsky, le meneur de la révolte, donne au territoire que ses troupes, des serfs paysans armés de faux et de fourches mais bons cavaliers, ravissent en 1648 à l'oppression de l'Empire lituano-polonais (lequel est si désassemblé qu'il dit être une république).

On désigne ces insurgés sous l'appellation générique de Cosaques, qui recouvre les populations semi-nomadiques issues des steppes du Pont, à l'entour de la mer Noire, et ayant fui les Tatars. On les dit spécifiquement zaporogues car leur centre politique et militaire est à Zaporijia, la « terre au-delà des rapides », longtemps un condominium minier pour Varsovie et Moscou qui en redoutent les turbulences (et le lieu en 2022 des deux principales centrales d'Ukraine, hydro-électrique et nucléaire, objets de terribles batailles). C'est à partir de là qu'ils viennent de conquérir le bassin du Dniepr qui

La bataille pour Kiev

a pour centre Kiev. Cette nouvelle entité, l'*Oukraïna*, la *Terra Cosaccorum* pour les Occidentaux, les Russes vont la nommer *Malorossiia*, « Petite-Russie » – et ce d'autant plus aisément qu'ils ont d'ores et déjà intégré les terres sises sur la rive droite du fleuve et intégreront celles de la rive gauche six ans plus tard, en 1654.

Les Cosaques se singularisent par leur organisation politique. Tout pouvoir provient de la Rada, l'assemblée délibérative (et le nom à venir du Parlement ukrainien), qui élit l'hetman, chef suprême le temps de son mandat : le titre est celui du haut-commandant militaire chez l'ennemi polonais et lituanien mais il a d'ores et déjà été emprunté un peu plus tôt par les hussites et les taborites, ces mouvements mêlant mutinerie ethnique, jacquerie sociale et sédition religieuse chez les Slaves occidentaux de Bohême-Moravie. La même inspiration biblique se retrouve chez les Slaves orientaux que sont les Zaporogues et leur hetmanat. Le caractère fédéral que revêt cette union de chouanneries fait sa force et sa faiblesse.

Aucune des frontières que nous connaissons n'est alors fixée. Les unionistes de Brest continuent de pousser jusqu'à Kiev et en revendiquent le siège métropolitain. On suit leur avancée aux morts abandonnés tels des gisants sous les roulements des arquebuses et des canons. La partition des camps n'est ni ethnique ni linguistique, mais confessionnelle. Les populations de rite byzantin dans les régions les plus occidentales ont d'ores et déjà délaissé leur orthodoxie native ainsi que leur lien canonique au patriarcat œcuménique. Ayant adhéré à

La crucifixion de l'Ukraine

Rome, elles se sont fondues dans le catholicisme des puissances dominantes et ont adopté leur politique. En deux fois. Il y a eu l'union de Brest-Litovsk qui a gagné la Galicie et sa capitale Lviv en 1595, à l'initiative de la Pologne. Advient en 1646 l'union d'Oujhorod, capitale de la Ruthénie subcarpathique, sous l'incitation de l'Autriche-Hongrie. Les territoires changent de propriétaires ; les fidèles, de primats.

Le conflit devient perpétuel. Il ne se compte plus en escarmouches populaires mais en campagnes militaires. Les Cosaques ont trouvé dans leurs vertus guerrières une forme d'anoblissement. Ils se veulent dorénavant les maîtres de leur devenir. Le traité de Zboriv solde, en 1649, la bataille du même nom, que Bohdan Khmelnytsky remporte en s'alliant avec Islam Giray et les Tatars de Crimée. L'hetman y gagne les terres de Kiev, Braslav, Tchernihiv (le nord-ouest de l'Ukraine se prolongeant vers la Biélorussie), et le khan, un tribut en espèces sonnantes et trébuchantes. Le traité comporte d'importantes clauses religieuses : les Juifs sont bannis du territoire cosaque et doivent refluer en Pologne (un plus que mauvais présage) et les droits de l'Église orthodoxe sont restaurés.

C'est sur le second point que le bât blesse dans le système électif qui régit la République des Deux Nations : la Diète de Varsovie, la chambre basse, pour avoir la paix, le ratifie. Mais l'épiscopat catholique le refuse : il est hors de question que Sylvestre Kossiv, le métropolite de Kiev nommé par Constantinople, siège au Sénat, la chambre haute, pour y représenter le schisme. La

La bataille pour Kiev

Pologne est et doit demeurer romaine. Exclusivement. Ce que réclament les Cosaques zaporogues, de leur côté, est de pouvoir rester fidèles à leur baptême orthodoxe. Entièrement.

À qui revient la capitale ? Kiev, ainsi que le chantent les hymnes, n'est-elle pas une « nouvelle Jérusalem » ? Mais si elle a valeur de berceau, comment se ferait-il que ne se penchent pas sur elle les trois Rome, celle des papes, celles des patriarches de Constantinople et de Moscou ? Ce que les Cosaques ne veulent pas entendre. Pour eux, les autonomies canoniques et politiques vont de pair. Dès 1651, les hostilités reprennent. Les Polonais marquent des points. Fortement, rapidement. L'hetmanat risque d'être disloqué. En 1654, la Rada est réunie et décide de faire appel aux Russes. Pour Moscou, les Cosaques viennent de se placer sous sa suzeraineté. Eux pensent à un accord intermittent. Le traité est acté la même année à Pereïaslav, un faubourg de Kiev, qui fut le premier siège de la métropole et où, en 911, avait été signée l'alliance entre la principauté de Vladimir et l'Empire byzantin.

Rive droite, rive gauche : l'hetmanat va se diviser. Tandis que la Pologne va se replier : attaquée au nord par la Suède protestante et luthérienne, elle entre dans le temps que ses chroniqueurs nommeront le « Déluge » et qui préparera son dépeçage par les empires chrétiens. Plus au sud, c'est le croissant ottoman qui s'agite à partir de la Crimée tatare qu'il a vassalisée. Quant à la Russie, elle empiète sur chaque territoire qu'elle peut. Irrésistiblement. L'attachement zaporogue à l'orthodoxie est son atout maître. Sauf qu'elle le conçoit comme un facteur de soumission et d'ordre.

Depuis la Terre sainte

Après l'union de Brest, en 1595, l'Église orthodoxe a officiellement disparu des terres d'Ukraine. Elle est devenue souterraine, dépourvue de représentation visible et admise. Le dénouement de la crise va venir de Terre sainte. Curieusement ? Pas vraiment. Il y a la corrélation des Orients, de leurs fronts et de leurs guerres. Il y a aussi que le patriarcat orthodoxe de Jérusalem, foncièrement lié à celui de Constantinople, s'efforce alors de rénover l'orthodoxie slave. Au nom de l'hellénisme chrétien, afin de combattre la latinisation des esprits. Pour consolider ce que l'on nomme alors le plérôme, l'unité en plénitude des Églises partageant le même credo.

De la fin du XVIe siècle au milieu du XVIIIe siècle, l'action extérieure des primats de Jérusalem se concentre sur les Balkans et les Russies afin de reconstituer l'arc serti au IXe siècle et soudé au XIVe siècle. Pour Sophrone (+1608), Théophane (+1644), Dosithée (+1707), Chrysanthe (+1731), le voyage à l'Est et le séjour à Moscou sont l'occasion de diffuser la théologie hésychaste, de créer des académies, des imprimeries et des monastères tout en collectant des fonds et des soutiens contre les menées expansionnistes de la présence latine en Terre sainte. C'est ainsi que naît la diplomatie russe au Moyen-

La bataille pour Kiev

Orient (qui sera uniment et successivement tsariste, soviétique, poutinienne).

En août 1620, les Cosaques bénéficient de la visite de Théophane III, le patriarche de Jérusalem en exercice, qui arrive de Moscou où il a assisté à l'intronisation du métropolite Philarète comme primat de toutes les Russies. Là-bas, chez lui, sur les bords du Jourdain, Théophane est connu pour son sens politique. Il a empêché les Arméniens de s'approprier la cérémonie du feu sacré et empêchera les franciscains de s'emparer de la laure de Saint-Sabas, joyau des débuts du monachisme et bastion de l'hésychasme. Le prélat combatif de Terre sainte participe pleinement aux missions renouvelées des Grecs auprès des Slaves : le siège de l'ancienne Rus' est vide ? Il va y remédier.

À Kiev, Théophane consacre Job Boretsky, l'abbé du monastère Saint-Michel-au-Dôme-d'Or, métropolite. Ce Galicien d'origine va tenter de faire la paix avec les unionistes catholiques afin de les ramener au bercail. Lesquels unionistes, d'accord pour une fois avec les Cosaques orthodoxes, la refuseront. Sa nomination bouscule toutefois la donne. En 1632, la Diète polonaise doit reconnaître l'existence de deux évêques sur le siège kiévien. La division confessionnelle fracture la cité qui symbolisa jadis l'unification de tout un monde. De part et d'autre, l'au revoir tourne à l'adieu.

Kiev et sa population majoritairement orthodoxe, ce qui vaut pour toute l'Ukraine hormis l'Ouest galicien, sont encore sous la juridiction de l'Église mère des missions, Constantinople. Mais plus pour longtemps.

La crucifixion de l'Ukraine

En 1667, le partage des terres ukrainiennes entre la Pologne et la Russie fait que le patriarcat de Moscou place la métropole Kiev sous sa juridiction. Le patriarcat œcuménique ne renonce pas pour autant à ses droits. Les unionistes se replient sur Lviv qui devient leur place forte et travaillent à renforcer leurs liens avec la papauté romaine. La barrière physique cette fois est gelée. Elle démarque définitivement les christianismes oriental et occidental. Mais la crise devient aussi interne à l'orthodoxie. Les logiques d'affrontement qui opposent les trois Rome vont s'enchevêtrer jusqu'à la guerre de 2022 où elles arriveront à maturité comme on le dit d'un abcès purulent prêt à crever.

Depuis la consécration de 1620, l'Église orthodoxe locale est le ferment d'une ébullition culturelle qui accompagne et seconde le renouveau identitaire que marque l'insurrection cosaque. Même si elle n'évite pas l'ornière de copier maladroitement les institutions latines, l'Académie créée par le métropolite Mohyla en est le vecteur. Il souffle sur place un vent d'autonomie. Après le traité de 1654, Moscou s'emploie à le faire retomber. L'Église impériale en est l'instrument.

Le même coup de force qu'au XVe siècle va être appliqué contre Constantinople, mais cette fois hors les frontières de la Moscovie. Autrement dit, aussi, contre l'ensemble des patriarcats orientaux, Jérusalem comprise. Moscou, le dernier arrivé au sein de la pentarchie, mal raccommodée en l'absence de Rome, se veut désormais le premier. Son argument ? La puissance. Mais sa fondation apostolique ? Inexistante. À moins d'absorber Kiev.

La bataille pour Kiev

Russification

Le traité que les Zaporogues d'Ukraine et les Romanov de Russie ont signé en 1654 à Pereïaslav n'a pas affecté l'ordre ecclésial et a même réaffirmé les droits de la métropole kiévienne. En principe. Dans les faits, les émissaires moscovites vont commencer par demander que le tsar soit commémoré durant la liturgie au nom de la protection dont il couvre, affirment-ils, le plérôme orthodoxe. L'intrusion impériale est rejetée car il y a bien commémoration mais ecclésiale, et c'est celle du patriarche œcuménique. Il reste donc pour Moscou à rompre ce lien. En fait, à le sectionner.

Pour rendre simple une histoire compliquée où sur un demi-siècle valsent les clercs, leurs affiliations épiscopales et leurs accréditations gouvernementales, l'Empire russe va développer la même stratégie de pression religieuse que ses adversaires impériaux (polonais et germanique, bientôt autrichien et prussien, plus tard britannique et français). Sur les terres ukrainiennes, il lui suffit de multiplier les hiérarchies parallèles et dissidentes lors de l'ouverture de chaque succession, à l'occasion du moindre incident de carrière, ou, plus simplement, en fomentant des putschs diocésains et, à défaut, paroissiaux (une habitude vite reprise depuis 1991 et redoublée en 2022).

Kiev, religieusement, résiste. La supériorité militaire et commerciale de la Russie, doublée d'actes nets de coercition, creuse cependant l'écart. En 1686, le patriarche

La crucifixion de l'Ukraine

Dionysos de Constantinople, secondé par Dosithée de Jérusalem, doit s'avouer battu. Mais à moitié. Il réunit son synode et émet une lettre encyclique dans laquelle il réaffirme les droits du siège œcuménique sur Kiev et les terres ukrainiennes tout en concédant leur administration temporaire à Moscou « au regard des circonstances politiques ». L'acte est alambiqué et les prodigalités de l'ambassadeur russe Nikita Alekseev y ont contribué. Le patriarche œcuménique de Constantinople reste le supérieur spirituel de la métropole kiévienne mais il revient désormais au patriarche de Moscou de consacrer son occupant. Facilité de délégation ? Octroi de transfert ? Les Cosaques et les clercs d'Ukraine s'inquiètent. Le flou de l'interprétation persiste. Le patriarcat de Moscou, conformément à l'oukase que la cour impériale prend en parallèle, répond par l'annexion canonique. Cette situation durera jusqu'en 2019, lorsque le patriarche Bartholomée de Constantinople décrétera, en annulant l'encyclique de 1686 pour les mêmes raisons qui l'avaient provoquée, « en conséquence des mutations politiques », l'autocéphalie de l'Ukraine, c'est-à-dire son indépendance ecclésiastique.

Le patriarcat moscovite va étendre son emprise à partir de la région dite de l'Ukraine Sloboda, la « bordure libre » parce que zone franche, que forme la région de Kharkiv, Louhansk, Donetsk, aussi russe que russophone. C'est depuis cette base arrière que la soumission progressive de la métropole de Kiev à sa juridiction devient effective. Elle se traduit par une russification des usages ecclésiastiques. Moscou ne procède pas

La bataille pour Kiev

comme Byzance, mais comme Rome, par unification de la langue et du rite, accentuant ainsi sa schizoïdie fondamentale : l'Église russe, elle-même tardive, dérivée, postérieure, se conçoit comme originaire et originale.

Cette politique devient un rouleau compresseur avec l'instauration du Très-Saint-Synode par Pierre le Grand. En 1721, la métropole de Kiev est statutairement liquidée : les qualifications traditionnellement adjointes au titre, « et de la Rus' », « et de Galicie », « et de Petite-Russie », sont supprimées et le prestigieux rang d'honneur est ramené à celui, inférieur, d'un archevêché. C'est l'empereur qui choisit désormais parmi les candidats et l'impétrant est consacré à Saint-Pétersbourg. Quant aux tenants du siège, ils ne seront plus ukrainiens mais russes jusqu'en 1917 et la première tentative d'indépendance.

L'empire a fait du haut clergé une administration coloniale. Le miracle est que le peuple reste fidèle à sa foi native. Il trouve refuge et consolation auprès des monastères, dont la laure des Grottes que Pierre le Grand, signe des temps, a érigée en forteresse : désormais les soldats encasernés y côtoient les reclus hésychastes. Kiev n'est plus une question et n'est jamais que la sub-capitale de la nouvelle conquête de l'Ouest. Les terres ukrainiennes, orthodoxes depuis neuf siècles, sont alors aux trois quarts russes depuis un demi-siècle et le resteront pour deux siècles encore.

Tout au long du XVIIIe siècle, dudit printemps des tsarines puisque ce seront des femmes qui occuperont le trône, materont les révoltes et gagneront les batailles, l'Empire russe n'aura cessé de déborder son dominion

La crucifixion de l'Ukraine

de Kharkiv, Louhansk, Donetsk et d'avancer sur la rive droite du Dniepr : à l'est jusqu'à la Crimée, au centre jusqu'à Kiev, à l'ouest jusqu'à Loutsk. Soit les sept dixièmes de l'Ukraine actuelle, à l'exception de sa part la plus occidentale, la Galicie, qui connaît dans le même temps un destin séparé.

L'autre Ukraine

Au mitan du XVIIe siècle, l'Empire russe est pressé de trouver un arrangement avec l'Union polono-lituanienne. Sa progression continentale a été véloce et fructueuse. Son véritable adversaire est désormais l'Empire ottoman qui garde l'espace maritime où se joue la suite de son expansion. Qui plus est, la Sublime Porte s'arroge l'héritage de Byzance, maquille Constantinople en la renommant Stamboul et retient, sur les rives du Bosphore, le patriarcat œcuménique. Le cycle interminable des guerres russo-turques va s'ensuivre.

En 1686, pour se débarrasser d'un front incertain et inutile, Moscou signe avec Varsovie un traité de paix perpétuelle (*sic*) qui consacre la partition de l'Ukraine. La Pologne, qui mène de son côté campagne pour conquérir la Moldavie, garde la Galicie. À la condition expresse que les populations orthodoxes ne subissent aucun prosélytisme. Ce ne sera pas le cas : cinquante ans plus tard, les diocèses de Lviv et Loutsk, qui relevaient de la métropole de Kiev, seront devenus uniformément

La bataille pour Kiev

uniates. Moscou, qui prépare cette même année 1686 une expédition militaire contre le khanat de Crimée, abandonne à leur sort les malchanceux à qui il avait promis sa protection. Quand ses intérêts se comptent territoires, la troisième Rome se soucie peu du destin des peuples qui y résident et la championne de la foi peut se montrer la reine du cynisme.

Au XVIIIe siècle, lors du grand dépeçage de la République des Deux Nations par la Russie, l'Autriche et la Prusse, ces terres d'Ukraine occidentale, ainsi que celles de la Petite-Pologne (la région de Cracovie), sont attribuées à Vienne. La dévote impératrice Marie-Thérèse, qui réunit d'ores et déjà sous sa couronne les royaumes de Hongrie, de Bohême et de Croatie, va mener une politique intensive de catholicisation de son empire que sanctionnent l'expulsion des Juifs de Prague, la déportation des protestants de Carinthie et la soumission des orthodoxes des Carpathes au régime de l'union. C'est de là, nonobstant les arguties historico-canoniques sur les rattachements individuels ou collectifs plus anciens, qu'il faut dater l'existence organique de l'Église grécocatholique. Elle va caractériser l'autre Ukraine. Jusque dans les mentalités et les mœurs.

Sautons par-dessus les siècles. L'Oukraïna, pays accordéon au cours de son histoire, aura intégré la grande tension religieuse de l'Europe en son sein. Or la Galicie, frontière la plus à l'ouest de cette immense zone frontière, aura connu non seulement le tiraillement avec l'Est, mais aussi la partition de ses aires occidentale et orientale au profit des ensembles limitrophes, nommé-

La crucifixion de l'Ukraine

ment polonais, hongrois, germanique. Un découpage dans le découpage, de surcroît mouvant et centrifuge.

La principauté slave des origines, la Galicie-Volhynie au faîte de son expansion, perd son indépendance au Moyen Âge pour ne jamais plus la retrouver. Elle est annexée par la Pologne en 1340, par l'Autriche en 1772, conquise par la Russie en 1914, prise par l'Allemagne en 1915, disputée par la Deuxième République polonaise et la République populaire d'Ukraine en 1918, réincorporée à la Pologne en 1919, redisputée et reconcédée par la Russie soviétique en 1921, redivisée entre l'Allemagne nazie et l'Union soviétique en 1939, reprise par l'URSS en 1944, rescindée avec la Pologne et agglomérée pour partie à la République socialiste d'Ukraine en 1945.

Cité dominante, la Leopolis latine des origines sera ainsi tour à tour la Lemberg germanique, la Lwow polonaise, la Lvov russe, la Lviv ukrainienne. C'est néanmoins l'Ouest que ses habitants, qui se disent volontiers Ruthènes (« Russes » au sens générique et ancien de la Rus'), vont continûment choisir à travers ces tribulations. Signe de son occidentalisation, la Galicie constitue dès le Moyen Âge une des premières terres d'implantation pour les populations juives chassées d'Europe méridionale. Mais elle n'évite pas la tentation antisémite, alors qu'elle pourrait s'enorgueillir d'avoir été aux Temps modernes un centre du hassidisme, mouvement revivaliste à la fois mystique et social. Ou d'avoir vu naître Martin Buber, Joseph Roth, Shmuel Yosef Agnon, Aharon Appelfeld, pour ne citer que ces phares du renouveau contemporain du judaïsme ou de

La bataille pour Kiev

la judéité. Dès 1850 cependant, les Juifs la quittent massivement en empruntant les routes de l'émigration vers l'Europe, les Nouveaux Mondes et la Palestine ottomane puis britannique.

Durant la Seconde Guerre mondiale, la Ruthénie va avoir le triste privilège de fournir au IIIe Reich une division SS, la numéro 14 « Galizien », créée le 28 avril 1943 après la déroute de l'armée Rouge devant Kharkiv. Le catholicisme de ces Slaves, jugés racialement inférieurs dans la pseudo-science nazie, est considéré par Himmler comme un levier en faveur de leur « aryanisation ». La campagne de recrutement dénombre jusqu'à 80 000 volontaires. Chez la plupart des 27 000 retenus, la volonté de s'engager provient moins d'une adhésion à Hitler que d'un rejet de Staline : l'Homme de fer, l'auteur de l'Holodomor, a profité du pacte germano-soviétique pour s'emparer de tout l'est de la Pologne, dont la Galicie est historiquement solidaire. Leur but est d'abord de combattre les Bolcheviks. Néanmoins, les plus fanatisés d'entre eux vont être les acteurs de la Shoah par balles, l'extermination d'un million de Juifs d'Ukraine entre 1943 et 1945. Une horreur que le Kremlin ne manquera pas de leur rappeler avant et après 1989, afin de disqualifier l'indépendantisme dont la Galicie est un foyer actif.

Liée au versant occidental de l'Europe lors de la confrontation entre le nazisme et le communisme, cette province singulière va le demeurer durant la Guerre froide par son autre émigration qui, à partir de la décennie 1870, est partie vivre de l'autre côté de

La crucifixion de l'Ukraine

l'Atlantique. Dans le nouvel affrontement entre l'Ouest et l'Est, les nombreux Galiciens installés aux États-Unis vont constituer une importante et influente communauté qui aura ses entrées au Capitole et à la Maison Blanche. Idéalisant le vieux pays, sublimant la petite patrie, rêvant de revanche, ils vont contribuer à édifier sur une base savante et culturelle le néo-nationalisme ukrainien, quoique non sans tendre à majorer les persécutions subies et à minorer les persécutions infligées. Après la chute du mur de Berlin, ils transformeront leur antisoviétisme inné en antirussisme militant. Ce sont eux qui animeront la Révolution orange de 2004, le renversement de 2014, le combat pour la Crimée et contre le Donbass. Avant que Vladimir Poutine ne rallie à leur vision tous les Ukrainiens.

Enfin, le contentieux politique se double d'un contentieux religieux. La Ruthénie est aussi le sanctuaire du catholicisme de rite byzantin. Lequel, pour compenser sa nature mixte, renchérit sa prétention à être la forme purifiée, achevée et accomplie de l'orthodoxie. Ce n'est donc pas qu'à son alter ego occidental mais également à son clone oriental, et pourtant occidentalisé, que la Russie se confronte à l'extrême ouest de l'Ukraine. De quoi hisser la tension continentale à son maximum.

Il ne s'agit évidemment pas de dresser ici un réquisitoire anachronique ou d'instiller un soupçon complotiste. Encore moins de reprendre les absurdes accusations de nazolâtrie. La Galicie, tout simplement, a poursuivi son chemin en s'agglomérant à la partie occidentale de l'Europe dont elle a connu les aspirations et les

La bataille pour Kiev

vicissitudes, les pages les plus noires aussi. Elle a pu le faire parce qu'à commencer du XVIIIe siècle, la Russie se désintéresse d'elle, la jugeant déjà trop catholique et rattachée à l'Occident, pour se concentrer sur l'autre couloir qu'offre le bassin ukrainien en direction cette fois de l'Orient et des chrétiens majoritairement orthodoxes qu'il abrite. À savoir la Crimée, péninsule de toutes les convoitises impériales.

En passant par la Crimée

« Appeler l'Europe à s'engager militairement, ce serait défier la Russie, ce qui n'est pas une mesure envisageable pour le moment. » Cette formule évoque irrésistiblement celle du président Joe Biden concédant le 15 février 2022, depuis la Maison Blanche, que l'Alliance atlantique n'enverra aucun soldat mourir pour Kiev. Un étrange aveu que Vladimir Poutine comprendra, depuis le Kremlin, comme un feu vert implicite à l'invasion de l'Ukraine, qu'il déclenchera une semaine plus tard, le 24 février. Sauf que la formule date du 8 avril 1783, qu'elle sort de la bouche de François-Emmanuel Guignard de Saint-Priest, ambassadeur de France auprès de l'Empire ottoman. Et qu'elle sert à doucher l'espoir de voir une coalition occidentale se former pour stopper l'expansionnisme russe non pas chez le président Volodymyr Zelensky mais chez le grand vizir Halil Hamid Pacha.

L'heure est grave. Depuis plusieurs semaines, les chancelleries sont en alerte, les états-majors mobilisés. Les gouvernants tergiversent. Ils finiront par transiger. Ce

La crucifixion de l'Ukraine

même jour du printemps 1783, la tsarine Catherine II vient d'annexer définitivement le khanat tatar de Crimée, vassal jusque-là de la Sublime Porte. Que faire ? La guerre ? Trente ans avant la montée de Napoléon le Grand vers le nord et sa débâcle devant Moscou en flammes, la descente vers le sud de Catherine la Grande et son gain sur les eaux internationales rebattent d'ores et déjà les cartes de l'ordre mondial.

Un défroqué pour agent

Le comte de Saint-Priest ne déroge pas à la règle française qui dépend d'une conception césarienne et pontificale de l'indépendance. La France imite, dans la sphère temporelle, la primauté de Rome dans la sphère spirituelle, revendique une vocation singulière à porter la liberté pour le reste du monde et à la lui apporter. Sa conception universaliste de la politique détermine sa vision messianique de la géopolitique et réaliste de son jeu d'influences. Le comte a été éduqué à en être, à tous les sens du terme, l'agent.

Clerc d'Église avant d'avoir été clerc d'État, passé de l'ordre de Saint-Jean de Jérusalem au Secret du Roi, le cabinet noir en charge de la diplomatie parallèle créé par Louis XV, Saint-Priest est fonctionnaire de carrière et aventurier de métier. Il profite de son poste à Constantinople pour espionner les menées conspiratives russes, les manigances consulaires britanniques et

En passant par la Crimée

les manœuvres commerciales austro-allemandes. Quoi de mieux pour barrer la route aux autres puissances occidentales que de se faire le conseiller privilégié du sultan et lui apprendre à distinguer, parmi les pays européens, entre ses multiples ennemis et son unique ami ? N'est-ce pas raffermir le réseau des « échelles du Levant », ces comptoirs portuaires que Louis XIV a systématisés à l'est de la Méditerranée pour contrebalancer la suprématie de la Royal Navy ? Reconduire l'alliance que François Ier a contractée avec Soliman le Magnifique pour contrer la domination continentale de Charles Quint ? Réaffirmer la protection des chrétiens d'Orient que Saint Louis s'est attribuée lors des croisades afin de s'ingérer dans les affaires des califats ?

Le temps n'est plus toutefois où le Grand Turc faisait trembler le monde. L'un des plus grands empires que l'histoire ait connu, établi sur cinq mers et trois continents, doit envisager, effaré, la perspective de son lent quoique sûr déclin. Son agonie durera un siècle et demi mais c'est là, en Crimée, que son crépuscule commence, en l'an 1783. Non, explique l'ambassadeur au vizir, Louis XVI ne réussira pas à emmener à sa suite l'Europe désunie, évasive et pusillanime pour endiguer la percée russe. Quel soutien peut néanmoins procurer la France ? insiste le vizir. Dépêcher trois cents de ses experts militaires, répond l'ambassadeur, qui instruiront les janissaires dans le maniement de l'artillerie dont elle les équipera à bon prix pour pallier la vétusté de leur armement. Les raisons de principe n'empêchent pas les

La crucifixion de l'Ukraine

calculs d'intérêt et l'ère moderne se caractérise aussi par l'industrialisation et la marchandisation de la guerre.

Saint-Priest tait cependant l'essentiel. Si Paris veut bien aider la Sublime Porte afin de contrarier leurs adversaires communs du moment, Londres, Vienne et Berlin, son désir de se rapprocher de Saint-Pétersbourg est encore plus vif. Dresser les grandes puissances les unes contre les autres requiert pour principal talent, si français, de savoir transformer les occasions en opportunités. Lui-même s'est mêlé de négocier quatre ans plus tôt, en 1779, l'accord d'Aynalikavak, qui a garanti la neutralité des bateaux de fret. Avec habileté et succès. Au détriment des Ottomans et au bénéfice des Russes. Pour la sécurité de la France.

En geste de gratitude, Catherine II a nommé le comte dans l'ordre de Saint-Alexandre Nevski, le prince médiéval de Kiev puis de Novgorod canonisé pour avoir vaincu les puissances « hostiles à la foi orthodoxe ». Tant pis pour le pape. La distinction n'est pas qu'honorifique, une rente annuelle de plusieurs milliers de roubles l'accompagne. Un encouragement payant, si l'on peut dire, à persévérer dans l'irénisme. Déjà, les richesses naturelles dont la providence a pourvu la Russie en abondance inclinent, à son égard, à une diplomatie de l'accommodement.

Pour Paris, la tentation sera grande à l'avenir d'en rester là. L'idée prévaudra que le géant tsariste puis soviétique ne représente pas une menace directe et qu'il y a utilité à le ménager. Mais les diplomates français ultérieurs n'auront pas tous, loin s'en faut, l'intelligence du fait religieux dont dispose le défroqué François-Emmanuel Guignard de Saint-Priest. Ils seront toujours plus ultramontains ou toujours plus anticléricaux. Deux conceptions opposées mais toutes deux parfaitement étrangères à ladite âme russe pour laquelle nation et religion ne se distinguent pas.

Entre Bouddha, Allah et Yahvé

Esseulé dans son palais de Topkapi, le sultan Abdülhamid Ier n'a plus qu'à ruminer le traité humiliant de Kutchuk-Kaïnardji qu'il lui a fallu accepter en 1774, à l'issue de la sixième guerre russo-turque. Des cinq qui l'ont précédée, la première a eu lieu en 1568, sous Ivan IV le Terrible, le dernier des Riourikides. Des six qui la suivront, la dernière se déroulera en 1917, sous Nicolas II, le dernier des Romanov. Elles jalonnent les quatre siècles de la contestation en héritage qui n'aura cessé d'opposer les deux empires. Pour trancher qui, d'entre eux, est le vrai successeur de Byzance en laquelle ils voient la véritable dépositaire de l'Empire romain, loin des usurpations occidentales.

1783 constitue le tournant de ce cycle conflictuel car la Crimée en est l'axe. Vu de Saint-Pétersbourg, ce promontoire avançant sur la mer Noire, à cheval sur les embouchures du Danube et du Dniepr, ouvrant sur les détroits du Bosphore et des Dardanelles, présente bien entendu un caractère géostratégique crucial : privée

La crucifixion de l'Ukraine

de ce sas vers les mers chaudes, la Russie se trouve enclavée, n'ayant plus pour débouché maritime que l'Arctique. Mais sa valeur, dans l'ordre symbolique, est encore plus vitale : la Crimée est récapitulative du récit providentiel qui légitime l'essor impérial décrété par Pierre le Grand un demi-siècle plus tôt.

Détenir l'antique Tauride fondée au vi{e} siècle av. J.-C. par les Ioniens et érigée au ixe siècle par les Byzantins en plate-forme de l'évangélisation des Slaves établit une filiation directe avec la romanité d'Orient contre la romanité d'Occident. Conquérir le royaume turco-mongol qu'est devenue la péninsule au xiiie siècle vient parachever la libération du joug de la Horde d'Or que la principauté de Moscovie a entamée au même moment. C'est la promesse de la reconquête de Sainte-Sophie, la basilique de Justinien transformée en mosquée par le Grand Turc en 1453. En plantant son drapeau arborant les aigles impériales sur la Chersonèse, la Russie des tsars vérifie sa prédestination à être l'unique légataire des Césars et à imposer Moscou comme la troisième Rome.

Le 21 juillet 1774, à Kaïnardji, bourgade de Bulgarie, après six années de batailles acharnées, le sultanat a dû céder au tsarat l'inimaginable : la libre circulation marchande dans les détroits et l'ensemble des eaux ottomanes ; la cogérance des principautés du Danube, dont la Moldavie ; la prise de contrôle des forteresses clés d'Azov et de Kinburn à l'entrée de la Crimée ; le pouvoir d'influence sur la Crimée proclamée momentanément indépendante. Et la reconnaissance plénière,

En passant par la Crimée

actée un peu plus tôt mais désormais effective, comme protectrice des chrétiens d'Orient à égalité de la France et avec les mêmes droits d'intervention : à Moscou, les orthodoxes, qui sont majoritaires et dépendent du patriarcat œcuménique de Constantinople ; à Paris, les catholiques acquis sur les orthodoxes à coups d'unions qui les ont rattachés au Saint-Siège et placés sous l'administration de la Curie romaine – Londres ne se taillera une clientèle dans le communautarisme ottoman qu'au XIXe siècle en captant le dynamisme des missions protestantes puis le réveil du nationalisme juif.

Moins de dix ans plus tard, le 8 avril 1783, Catherine la Grande ne se contente pas de s'emparer en totalité du territoire de la Crimée. Elle récuse l'autorité spirituelle qu'Abdülhamid a cru pouvoir conserver sur ses habitants, les Tatars, en exhumant le titre longtemps délaissé par les Turcs de calife de l'islam. Pas seulement sur eux, d'ailleurs : dans la péninsule arabique, la tribu des Saoud s'est alliée avec le prédicateur rigoriste Mohammad Ben Abdel Wahhab, le fondateur du wahhabisme, pour esquisser un État sécessionniste. Bientôt, depuis l'Égypte qu'il entreprendra de rendre indépendante, l'Albanais Méhémet Ali incitera la Palestine et la Syrie à la révolte en s'appuyant sur les oulémas intégristes. Déjà, réforme, rénovation et réislamisation s'enchevêtrent au sein du monde musulman.

La logique d'expansion que conduit la tsarine a également pour pivot la religion. Se voulant moderne, elle donne certes l'hospitalité aux dissidents spirituels de l'Ouest, les jésuites dont la Compagnie a été dis-

La crucifixion de l'Ukraine

soute par la papauté, les philosophes des Lumières inquiétés par les monarchies, les illuministes rejetés de conserve par la tiare et le glaive. « Despote éclairée », elle renonce pareillement à convertir les musulmans et les bouddhistes, leur confère le statut de confessions officielles et cultive leur allégeance, dotant les premiers de mosquées dans lesquelles on prie Allah pour la tsarine digne des épouses du Prophète et les seconds de pagodes où on la vénère comme une réincarnation de Tara, figure féminine du Bouddha. Progressiste, elle pense même, mais ne le fera pas, à émanciper les Juifs dont le nombre augmente parmi ses sujets au fur et à mesure qu'elle repousse les frontières de son empire.

Le projet grec

La veuve de Pierre III, née en Prusse, baptisée dans la Réforme, éduquée par une huguenote française, a grandi dans le souvenir de la guerre de Trente Ans, ce sommet des guerres de religion entre protestants et catholiques qui ont déchiré l'Europe. Catherine est aussi moderne en ce qu'elle adhère à la révolution géopolitique du traité de Westphalie qui, en 1648, a mis un terme théorique à cet affrontement continental en remodelant le système international. Désormais, chaque État sera pleinement souverain au sens qu'il emploiera comme il l'entend son identité religieuse fondamentale au service de son action intérieure et extérieure. Ce

En passant par la Crimée

que signifie précisément le mot sécularisation, à savoir le passage de Dieu à la Nation et, plus largement, le transfert des principes théologiques, qui relèvent de la dogmatique, dans le domaine des idées politiques.

En conséquence, la tsarine va faire de l'orthodoxie, la forme byzantine et slave du christianisme, le vecteur de son dessein impérial. Au nord, à l'est, à l'ouest, les missions et les expéditions se conjuguent pour en favoriser le rayonnement. Au centre, dans la continuité de la Grande-Russie, agrandissant son périmètre présumé intrinsèque, la Blanche-Russie (la Biélorussie) et la Petite-Russie (l'Ukraine), privées de toute autonomie en 1793, en délimitent le noyau dur. Au sud, il revêt une dimension censée être organique et prend pour nom de code le projet grec. L'adjectif est générique : c'est celui que la Sublime Porte prête usuellement à tous les orthodoxes et autres chrétiens d'Orient vivant dans son giron. Soit trois de ses sujets sur dix dans ses parties anatolienne et levantine, sept sur dix dans ses parties caucasienne et balkanique.

Ce projet, ce sont l'un de ses anciens amants, le comte Grigori Orlov, et un prélat bulgare et hellénisé, traducteur de Voltaire, Eugène Voulgaris, qui l'ont architecturé : en réveillant du Caucase aux Balkans le sentiment national des peuples qui sont de foi orthodoxe et en les aidant à s'affranchir de la mainmise ottomane, la Russie ressuscitera Byzance et étendra son emprise sur les mers méridionales. De quoi justifier la septième guerre russo-turque que l'impératrice décide dans la foulée de la sixième et qu'elle confie en 1787 à Grigori

La crucifixion de l'Ukraine

Potemkine, le favori parmi ses galants, qui n'en verra pas toutefois l'achèvement en 1792. C'est à Kherson, en Crimée, ville qu'il a fondée à l'instar de Sébastopol et de Nikolaïev, que sera enterré à l'automne 1791 le généralissime décédé de maladie, pleuré par ses soldats et son auguste maîtresse.

Cette fois, les Russes se sont assurés du soutien des Autrichiens. Et les Ottomans, de celui des Britanniques. Vienne renonce vite à un conflit coûteux et lointain pour se concentrer sur l'agitation révolutionnaire qui bouillonne à ses frontières. Londres, soucieux avant tout de couper Paris des voies d'approvisionnement en ressources naturelles venues de l'Oural, ne tarde pas à faire de même. Cette fois, la Sublime Porte résiste pied à pied et le traité de Iasi, signé dans la capitale de la Moldavie roumaine le 9 janvier 1792, consigne un jugement de Salomon : la Russie abdique sa prétention à précipiter les mouvements insurrectionnels dans les régions caucasienne, danubienne et balkanique en échange de quoi elle gagne irrévocablement la province turque du Yedisan, limitrophe de la Crimée.

Échanges de population et programmes de colonisation s'ensuivent, tandis que panorthodoxisme et panslavisme s'emmêlent. Ces phénomènes majeurs, la planification étatique et la construction idéologique, qui vont structurer ce que la modernité politique aura de prométhéenne, trouvent là l'un de leurs laboratoires, et l'espace russe ou russifié ne se départira plus de son destin d'échantillon-test. Catherine de Fer va constituer les terres qu'elle a conquises, qui courent de la mer

En passant par la Crimée

d'Azov à la mer Noire et qui recouvrent aujourd'hui la bande côtière allant de la région de Donetsk à la région de Transnistrie en passant par les villes de Marioupol, Zaporijia, Mikolaïv et Odessa, en *Novorossia*, « Nouvelle-Russie ». Elle peuple cette entité de « Russes » de toutes sortes mais tous avides de connaître une vie meilleure au soleil, de Juifs voulant échapper au Shtetl, d'Arméniens, de Géorgiens, de Pontiques fuyant la Sublime Porte. L'important est de compenser la présence tatare et musulmane au sein de la population et dans le paysage. La tsarine confie les cités-champignons qu'elle plante en Crimée aux bons soins des architectes français et italiens, avec pour ordre de leur conférer un air classique mâtiné de couleurs sudistes, en les baptisant néanmoins de noms gréco-byzantins. L'hybridation typiquement russe, parce que originelle, entre l'Est et l'Ouest bat son plein et trouve dans la Nouvelle-Russie le théâtre de son recommencement.

Mais commence aussi le meccano géopolitique qui va animer en Méditerranée la « Question d'Orient », avec pour foyer la Syrie, et en Asie le « Grand Jeu », avec pour foyer l'Afghanistan. La France, dès lors, ne va plus cesser de transiter dans sa quête d'alliances. Quitte à se livrer à un perpétuel mouvement de bascule et à alterner les pactes selon les moments et les circonstances, atlantique avec le Royaume-Uni, continental avec l'Autriche ou l'Allemagne, de revers avec la Russie.

La fille aînée de l'Église romaine pratique l'agnosticisme en diplomatie et a pu s'allier avec le monde protestant contre le monde catholique, comme avec

La crucifixion de l'Ukraine

le monde musulman contre les mondes catholique et protestant. Cette indifférence ne vaut pas cependant avec le monde orthodoxe. Non pas que la différence confessionnelle l'emporterait en soi dans ce cas, mais à cause de la concurrence qu'elle induit. Laquelle n'est même pas immédiate, mais indirecte et transposée : la France catholique et la Russie orthodoxe se disputent avec âpreté, mais en Orient, les chrétiens qui vivent dans le monde islamo-ottoman : un gros tiers des sujets de la Sublime Porte, la part la plus proche en termes de religion, la plus ressemblante en termes de mœurs et d'éducation, la plus propice aussi à aller mentalement vers l'Europe et à lui servir concrètement de relais. Mais vers son versant occidental ou son versant oriental ? La question n'est plus si simple puisque, en raison de leurs progressions coloniales respectives, la France s'orientalise et la Russie s'occidentalise.

Quel gendarme pour quelle Europe ?

C'est à l'occasion de l'un de ces renversements chroniques qu'advient, une cinquantaine d'années plus tard, la guerre de Crimée. Les enjeux ne changent guère. Ce sont la domination maritime des passages entre l'Europe et l'Asie et la domination terrestre des couloirs entre les Balkans, le Caucase et le Levant. Les protagonistes varient à peine. On retrouve, coalisés pour la circonstance, l'Empire ottoman anxieux de crouler sous

En passant par la Crimée

les rébellions ethnico-religieuses, l'Empire britannique bilieux de perdre ses routes commerciales et l'Empire français, second du nom, instauré plutôt que restauré par Napoléon III, fiévreux de démontrer sa puissance retrouvée. S'ajoutent aux ténors de la scène criméenne le royaume de Piémont-Sardaigne qui a reçu de Gênes et de Venise, avant de le transmettre à l'Italie dont il va accoucher, le goût vétilleux des occupations insulaires en Méditerranée. Face à eux, l'Empire russe est seul cette fois. Et va perdre.

Les ressorts initiaux du conflit paraissent également, à première vue, les mêmes. Les Ottomans déclinent, les Russes croissent. Deux nouvelles guerres les ont vus s'affronter. Celle, numéro huit, de 1806-1812, autour de la révolte des Serbes. Celle, numéro neuf, de 1828-1829, autour de l'insurrection des Grecs. Ce n'est pas le conflit qui est intermittent, mais la paix. Démembrements et remembrements se poursuivent, inexorablement. Les puissances européennes interfèrent pour enrayer cette spirale, interjettent démonstrations militaires et médiations diplomatiques. En vain. Seul le discours de la guerre progresse.

À la fin de leur neuvième campagne, le 28 août 1829, les armées tsaristes marchent sur Constantinople et, bivouaquant à une quarantaine de kilomètres de ses remparts, sont sur le point de s'en emparer. Nicolas Ier n'ose pas franchir le pas. Il opte pour l'aménagement transitoire du traité d'Andrinople, signé le 14 septembre suivant, qui lui octroie à l'est la possession de la Circassie, de la Géorgie, d'une partie significative de l'Arménie,

La crucifixion de l'Ukraine

à l'ouest le contrôle sur le delta du Danube, sur les territoires affranchis de la Serbie gratifiés de l'autonomie et de la Grèce promis à l'indépendance, ainsi que le maintien de l'occupation de la Bessarabie, région à cheval sur la Roumanie, la Moldavie et l'Ukraine actuelles.

La Russie, en ne poursuivant pas son avancée sur Constantinople, renonce à aller jusqu'au bout de son projet grec. Elle aimerait que l'Europe l'aime. Mais ce retrait ne suffit pas à apaiser la russophobie qui monte à Londres et à Paris. L'Europe ne l'aime pas ? Alors, elle la craindra ! Le très réactionnaire Nicolas Ier ne fait pas que menacer l'équilibre déjà difficile des relations internationales. Il affectionne le rôle de grand punisseur des désordres que lui ont dévolu ses amis de la Sainte-Alliance, l'Autriche et la Prusse, et joue volontiers au gendarme de l'Europe prêt à écraser la moindre revendication populaire. Directement ou indirectement. Avec hargne à Varsovie et Cracovie. Avec froideur à Budapest et Bucarest. Et en exprimant bruyamment son profond regret de n'avoir pu intervenir en France pour mater les révolutions de 1830 et 1848.

À Paris règnent encore les souvenirs cuisants de la Bérézina, bataille pourtant gagnée en 1812, et du défilé des Cosaques, devenus le fer de lance russe, sur les Champs-Élysées, occupation pourtant écourtée en 1814. Mais le ressentiment français enfle lorsque le panache flanche. Et que valsent les régimes. La défaite de Russie a mis fin à la grande saignée qu'a coûtée l'aventure napoléonienne. Elle a douché aussi la fierté nationale et la mobilité sociale qu'elle avait entraînées.

En passant par la Crimée

Le camp des nostalgiques de l'Aigle ne compte pas que des bonapartistes. Bien qu'à contre-emploi d'une certaine idée de la France, qu'elle soit monarchique ou républicaine, la tentation impériale fait son chemin. Et là encore, à la romaine.

« L'empire, c'est la paix », déclare Napoléon III pour justifier son coup d'État du 2 décembre 1851 et rassurer ses sujets comme ses voisins. Ses ambitions, afin de mériter un tant soit peu l'aura de son oncle, sont néanmoins claires : desserrer l'étau du congrès de Vienne pour redonner à la France son lustre en Europe, aller chercher en Afrique ou en Asie de nouveaux débouchés et comptoirs, élargir le domaine colonial comme en Algérie ou en Cochinchine. Et ce, quitte à risquer des expéditions incertaines comme au Mexique. Ou à forger le concept d'« opération humanitaire » pour légitimer son intervention armée au Levant qui, au motif de sauver les chrétiens de leurs bourreaux druzes, aboutira à la mise sous protectorat du Mont-Liban (une source d'inspiration pour Vladimir Poutine dans le Donbass).

L'appel des lointains invite ce drôle de pacifiste à se lier à l'Empire britannique qu'il croit connaître pour avoir passé à Londres ses dernières années d'exil. Or l'Angleterre n'a qu'une seule obsession : la Russie. Il faut qu'elle brise la progression de cette concurrente démesurée et obstinée qui ambitionne de détrôner son hégémonie sur les grands carrefours du monde. À commencer par le plus immédiat, la Crimée. Lord Aberdeen malgré tout hésite. Son infanterie, il le sait, ne vaut pas sa marine. Napoléon III feint d'hésiter. Depuis

La crucifixion de l'Ukraine

Valmy, il n'est de meilleur ciment que la conscription. En France, parmi les élites et dans le peuple, l'aversion antirusse l'emporte sur la crainte de la guerre. La droite catholique, qui décrie l'orthodoxie, et la gauche laïque, qui conspue l'autocratie, sont pour une fois d'accord. Il est l'heure que les canons parlent.

Néanmoins, aujourd'hui, nul ne se souvient qu'une querelle religieuse a mis le feu aux poudres de cette guerre absurde qui n'a rien résolu de la Question d'Orient qu'elle était censée régler et qu'elle n'a fait qu'aggraver. Elle aura pourtant été l'expression d'un conflit autrement déterminant, plus ancien et plus frontal, d'ordre théologico-politique. Celui dont les empires européens ont légitimé leur mobilisation. Non pas un faux-nez doctrinal, mineur ou obscur, comme il arrive que les États empruntent aux Églises, mais la désunion de ces mêmes Églises comme la raison ultime de la grande bataille censée réparer la « tunique déchirée » du Christ. Portée par les divisions séculaires entre les chrétiens, la guerre de Crimée les a menées à un paroxysme. Son facteur déclencheur n'a été autre que le droit de propriété sur les lieux testimoniaux de l'Évangile où vécut, prêcha, agit, mourut et ressuscita Jésus. Autrement dit, la possession et jouissance des Lieux saints en Terre sainte. La corrélation des fronts, la correspondance des Orients face à l'Occident, n'est pas un mythe.

Jérusalem, tombeau des empires

En ce milieu du XIXᵉ siècle, le voyage à Jérusalem tourne à la ruée. Peu importe que la topographie soit, ou non, imaginaire telle qu'elle a été fixée au IVᵉ siècle par Hélène, la mère de Constantin Iᵉʳ. C'est là encore un phénomène moderne qu'autorise la révolution mécanique des transports. Grâce au chemin de fer et au bateau à vapeur, le pèlerinage se démocratise. Il devient un commerce de masse car il vient confirmer l'identité collective. Sa force, qui alors explose, est de conférer à l'exotisme un supplément spirituel, de confirmer ou sembler confirmer l'exactitude des textes par la concrétude des pierres et de convertir la passion nouvelle pour l'archéologie à la muséographie éternelle du sacré. En bref, à l'âge du positivisme triomphant, le pèlerinage permet de revivifier le culte de l'extraordinaire. Mais offre aussi un instrument d'influence géopolitique.

Ce qu'ont compris les bureaux des Affaires étrangères à Londres, Paris et Saint-Pétersbourg au vu du nombre de cercles savants ou pieux, et le plus souvent les deux ensemble, qui vibrionnent autour de la province ottomane de Palestine. Les églises, hospices et centres qu'ils rêvent d'y installer viendront seconder les postes consulaires. Les Lieux saints reproduiront ainsi, en modèle réduit, le grand champ de manœuvres confessionnelles qu'est depuis mille ans le continent européen. La diffusion des idées de l'Europe (occidentale et orientale) n'ira pas sans l'exportation de ses guerres de religions. Plus précisément de leur forme moderne, l'affrontement des propagandes et des prosélytismes.

Une mission royale

Dernier apparu dans l'histoire, le protestantisme est aussi le dernier à se manifester en Terre sainte. La Réforme qu'ont promue Luther et Calvin au XVIe siècle a d'abord gagné le monde germanique et a été adoptée par de nombreux princes nordiques, dont Henri VIII d'Angleterre. Elle est naturellement dépourvue de relais sur place et, depuis son bastion boréal, l'Orient représente une terre inconnue. Sauf pour les milieux évangélistes qui, à Londres, désirent rénover l'Église anglicane et lui redonner un élan apostolique « en revenant à la foi des origines ». C'est ainsi qu'en 1834, l'activiste James Cartwright appelle à la création d'une Église hébraïque à Jérusalem.

Cartwright est le secrétaire de la London Society for the Conversion of the Jews. Une telle association, qui affiche un tel but, ne laisse pas rétrospectivement de surprendre et d'attrister mais elle illustre l'époque. Les prêtres français Théodore et Alphonse Ratisbonne fondent, avec Notre-Dame de Sion, son homologue catholique la décennie suivante, en 1843. Ce mouvement général est d'ailleurs souvent le fait de Juifs qui ont choisi d'embrasser l'Évangile. Pour eux, le retour aux sources de l'Écriture, qui bat alors son plein, se double d'un retour à la Terre biblique, lequel s'amorce au même moment dans le Shtetl, les terres entre autres ukrainiennes du Yiddishland où, sous la pression des pogroms, va bientôt se cristalliser l'idée sioniste. La Shoah et la création de l'État contemporain d'Israël mettront un terme à ce douteux zèle catéchétique occidental et feront que ces organes de conversion, protestants et catholiques, se reconvertiront dans l'étude du judaïsme exempte de prosélytisme.

En attendant, le projet de Cartwright va être entériné par les deux souverains dominants du monde réformé qui sont chacun à la tête d'une religion d'État. Le luthérien Frédéric-Guillaume de Prusse et l'anglicane Victoria de Grande-Bretagne conviennent que l'Europe réformée ne peut demeurer absente de la Terre sainte, alors qu'y paradent la France catholique et la Russie orthodoxe. Ils convainquent l'archevêque de Canterbury, William Howley, par ailleurs dignitaire de la Maçonnerie anglaise, de fonder un diocèse qui aura pour vocation d'accueillir les diverses sensibilités protestantes. En 1841, la Chambre des communes vote sa création et son budget. Le 7 décembre de la même année, Michael Salomon Alexander, Juif d'origine prussienne émigré

La crucifixion de l'Ukraine

à Londres, baptisé dans la High Church et professeur au King's College, est consacré évêque de Jérusalem au Lambeth Palace.

Alexander débarque à Haïfa, la capitale locale des consulats étrangers, début janvier 1841. Chercher à convertir les musulmans est hors de son propos. D'abord pour ne pas froisser la Sublime Porte, sourcilleuse sur ce point. Ensuite parce qu'en Occidental de son temps, il se désintéresse de ces masses populaires liées à un islam voué, pense-t-il, à être effacé par la marche du progrès. Les Juifs, pour leur part, sont encore rares sur place, bien que les arrivants ne cessent de croître en nombre et seront bientôt majoritaires par endroits. L'objectif de l'évêque missionnaire est cependant de vite recruter pour peser. Les chrétiens autochtones constituent un réservoir de choix.

Pour gagner cette population démunie et discriminée, il n'y a qu'à lui offrir les services des orphelinats, des écoles et des dispensaires méthodiquement accolés aux paroisses nouvellement fondées, assurer à ses pauvres des dons, à ses anciens des soins, à ses notables des protections et à ses jeunes des bourses d'études. En échange de leur adhésion à la foi du Collège des apôtres, la « pure foi ». Ce qui est, depuis longtemps, la pratique des catholiques qui vise, elle, l'affiliation à la foi de Pierre le prince des apôtres, l'« unique foi ».

Jérusalem, tombeau des empires

Saint François et les gardiens

Moins neuve mais elle aussi tardive et extrinsèque, la présence latine en Terre sainte remonte aux croisades. Sans doute aurait-elle été éphémère sans la participation de François d'Assise à la cinquième d'entre elles, en 1219. Parti avec ferveur libérer le tombeau du Christ et convertir les Infidèles qui suivent la prophétie de Mahomet, le fondateur des franciscains découvre en l'islam une réalité avec laquelle il faut – et il est bon de – dialoguer. Au fil de leurs conversations, il obtient du sultan Al-Kamil, le neveu de Saladin, la permission qu'un petit groupe de ses disciples réside sur la Via Dolorosa, le chemin de croix menant au Golgotha auquel s'assimile le futur saint qui sera vénéré pour avoir porté les stigmates de la Passion. Naît ainsi, dans ce paysage oriental, la spiritualité du Grand Vendredi, de l'abandon et de l'agonie nocturnes que l'Occident exaltera, tandis que l'Orient continuera à glorifier la lumière de Pâque. Les accrocs historiques sont aussi l'occasion de déchirures théologiques.

Un siècle plus tard, en 1342, l'ordre des Franciscains crée la Custodie de Terre sainte. C'est elle qui va être investie par Rome de la garde des Lieux saints car, entre-temps, le patriarcat latin de Jérusalem, érigé en 1099 lors de la première croisade, n'a pas survécu à la fin du dernier État franc d'Orient. Il a été aboli en 1291, avec la chute ultime de Saint-Jean-d'Acre et le départ définitif des chevaliers du Saint-Sépulcre. Les

La crucifixion de l'Ukraine

franciscains vont devoir trouver leur place dans l'Orient compliqué. Mais l'antijudaïsme qu'ils cultivent alors n'est pas pour déplaire aux autorités musulmanes et aide même à gagner leur sollicitude.

Jusqu'au milieu du XIXe siècle, la Custodie va remplir sa mission en alternant les hauts et les bas. Elle est en rivalité frontale avec le patriarcat orthodoxe de Jérusalem, sa hiérarchie grecque et son peuple autochtone qui a été arabisé depuis la prise de la cité sainte par le calife Omar peu après l'hégire, en 638 de l'ère chrétienne. Majoritaire, arguant qu'il est dépositaire de la communauté primitive et détenteur de la succession apostolique, le patriarcat peut se considérer non sans raison comme l'« Église-mère de la Ville-mère ». Un titre et une priorité que lui reconnaissent les vizirs, pachas et agas de la Sublime Porte qui, pour être ottomans, ne s'inspirent pas moins du legs de Byzance et fraient à Constantinople, sur les rives du Bosphore, avec les prélats du siège œcuménique parmi lesquels se recrutent ceux du siège de Jérusalem.

Seuls les Arméniens connaissent un régime similaire mais il est vrai qu'ils sont présents depuis le Ve siècle, avant la conquête musulmane, qu'ils y ont érigé leur propre patriarcat en 683, tout juste après la conquête musulmane, qu'ils sont également des sujets de l'empire et que leurs élites contribuent à son épanouissement. En Orient, l'ancienneté religieuse vaut supériorité politique, économique, sociale. Et immobilière. Les relations entre Grecs et Arméniens sont parfois tendues mais ils s'en-

Jérusalem, tombeau des empires

tendent sur l'essentiel : eux ne sont pas des étrangers en Terre sainte.

Perçus soit comme des intrus et des maraudeurs religieux, soit comme des indésirables et des agents allogènes, les franciscains, qui sont principalement des Italiens, subissent brimades et expulsions. Ils compensent leur handicap en payant le prix fort pour acquérir des sites de choix et en bakchichant au besoin l'administration ottomane. Leurs manœuvres provoquent des échauffourées et il leur arrive d'avoir à faire le coup de poing afin de conserver les carrés qu'ils ont conquis dans les plus saints des lieux saints chrétiens, les basiliques du Saint-Sépulcre à Jérusalem et de la Nativité à Bethléem. Ils ont pour eux d'avoir constitué un ensemble notable de sanctuaires et d'institutions, mais aussi rallié un petit troupeau d'anciens orthodoxes convertis au rite latin. Auquel s'est adjoint, après que Rome a érigé un patriarcat grec-catholique d'Alexandrie, Antioche et Jérusalem en 1724, un autre groupe de transfuges qui ont gardé, eux, le rite byzantin et sont dits « melkites ». Enfin et surtout, ils ont le soutien de la France et de ses rois Très Chrétiens, même si leur ferveur envers la papauté n'égale pas celle de leurs Très Catholiques cousins d'Espagne.

La crucifixion de l'Ukraine

Paris tout contre Rome

La politique du Saint-Siège en Orient a, en théorie, pour bras armé la France, alors le premier pays catholique du monde en nombre de fidèles et en capacité de ressources aussi bien matérielles qu'intellectuelles. Si ce n'est que ladite fille aînée est un enfant rebelle et joue volontiers sa propre partition. Elle a pour atout les Capitulations qui, signées par François Ier en 1528, ont été reconduites et complétées à chaque règne. Henri IV en 1604, Louis XIII en 1620, Louis XIV en 1673 et Louis XV en 1740 y ont veillé. Ces traités conclus avec la Sublime Porte lui garantissent divers droits et privilèges, ainsi que la protection des sujets ottomans attachés à Rome. Une tutelle qui se traduit, pour les franciscains de Terre sainte, par l'assistance du poste consulaire que Paris a ouvert à Jérusalem dès 1623 et qui, en lien avec l'ambassade de France à Constantinople, a fini par leur obtenir le statut de cogérants du Saint-Sépulcre.

Ni la Convention, le Directoire ou le Consulat, ni le Premier Empire, la Restauration ou la monarchie de Juillet, encore moins l'éphémère Deuxième République ou le Second Empire ne changeront un iota à cet arrangement que la Troisième République poursuivra puisque, selon la formule de Gambetta, « l'anticléricalisme ne saurait être un produit d'exportation ». Le rayonnement de la France en Terre sainte n'est pas un article de foi, mais un levier de puissance. Cet axiome se vérifie avec Napoléon III, qui a d'aussi mauvaises relations avec la papauté qu'ont eues ses prédécesseurs, Bonaparte ou Philippe le Bel, et qu'auront pour la plupart ses successeurs.

Compétition oblige, les rapports se tendent. Avantagé par la décomposition de l'Empire ottoman qui va s'accélérant, le Saint-Siège enregistre avec satisfaction l'accès de ses ouailles au système du millet, le regroupement sur critère ethnico-confessionnel qui permet aux Turcs, minoritaires, de gouverner une titanesque mosaïque de communautés et de croyances : entre 1830 et 1845, le sultanat accepte la création de millets autonomes pour les maronites, les melkites, ainsi que pour les autres branches orientales détricotées et retricotées par Rome, assyro-chaldéenne, syriaque, arménienne. Puis, en 1847, Pie IX, le pape de l'infaillibilité pontificale et de la protestation antimoderne condensée dans son recueil « sur les principales erreurs de notre temps », le *Syllabus*, restaure le patriarcat latin de Jérusalem. Le ton est donné. C'est celui de la Reconquista. Bien après les pages mélancoliques de Chateaubriand sur la mer Morte, le grand pèlerinage dévotionnel et démonstratif que les assomptionnistes de France organiseront en 1882 s'intitulera la IXe croisade, quoique (et heureusement) désarmée à la différence des précédentes.

C'est un élan moins piétiste que savant qui anime huit ans plus tard, en 1890, la fondation de la future École biblique et archéologique française de Jérusalem par le frère dominicain Marie-Joseph Lagrange. Son intitulé dit les ambitions scientifiques de cette institution qui lui vaudront un temps la suspicion des autorités romaines. Mais on lui doit la plus doctrinale et la plus stylistique des Bibles en langue française et sa bibliothèque continue d'être le fleuron du rayonnement de Paris en Terre sainte. Comme quoi les collines de Jérusalem peuvent aussi être une source d'inspiration.

Des roubles par millions

Dans la décennie 1840, les offensives émanant de Londres et Berlin, Paris et Rome ont de quoi inquiéter la hiérarchie orthodoxe. Le patriarcat de Jérusalem a charge de la chrétienté arabe traditionnelle mais repose sur la confrérie hagiotaphite de la « Sainte Tombe », composée exclusivement de moines grecs, pour la plupart également sujets de la Sublime Porte. Or lesdits missionnaires venus d'Occident les accusent d'être ignares, rétrogrades, corrompus, exemplaires en cela de l'esprit décadent de l'Orient, et proposent à leurs ouailles de régénérer leur baptême dans les eaux avantageuses de l'européanisation.

Sauf que la hiérarchie orthodoxe dispose désormais, elle aussi, d'un protecteur. C'est l'Empire tsariste qui, depuis le traité de Kutchuk-Kaïnardji en 1774, jouit de ses propres Capitulations. La descente vers le sud qu'elles ont rendue possible a été le sésame diplomatique du « projet grec ». Elle devient le leitmotiv spirituel, à partir des années 1820, du réveil théologique et littéraire dont

Jérusalem, tombeau des empires

les starets monastiques et les intellectuels slavophiles se font les hérauts à Saint-Pétersbourg et à Moscou. À son tour, ce mouvement se donne pour horizon idéalisé la Palestine ottomane dont les représentations emplissent l'iconographie byzantine. Et pour moyen concret, le pèlerinage. L'écrivain Nicolas Gogol en est le chantre. Lui-même visitera les Lieux saints en 1848, faisant de l'aller de chaque croyant vers le Christ crucifié la condition du retour du peuple souffrant à Dieu.

Cette transfiguration mystique peut s'entendre aussi comme une opération politique. Ce que ne manque pas de relever, à Saint-Pétersbourg, le ministère des Cultes qui presse le Saint-Synode de démontrer par le nombre, cet attribut russe, quelle est la vraie foi, orthodoxe, la « foi droite ». Des millions de roubles vont financer le réseau logistique de transport et d'accueil qui, de Moscou à Jérusalem, en passant par Sébastopol et Constantinople, acheminera les milliers de pèlerins pour Pâques. Ceux-ci envahiront littéralement le Saint-Sépulcre et ramèneront au pays des hivers interminables le Feu sacré de la résurrection qui inonde miraculeusement le Tombeau sous les implorations du patriarche grec.

La Mission russe en Terre sainte est décrétée en 1842, fondée en 1847, mais reconnue par la Sublime Porte seulement en 1857. L'Orient est aussi l'école de la patience et les délégations des Empires européens ont fait obstruction auprès des autorités de l'Empire ottoman. L'artisan en est un ecclésiastique, l'archimandrite Porphyre Ouspensky, lettré à l'instar de ses commensaux et rivaux britanniques, allemands ou français. Orienta-

La crucifixion de l'Ukraine

liste, byzantiniste, paléographe plus qu'archéologue, ce grand chasseur de manuscrits devant l'Éternel va être un pionnier dans l'inventaire des trésors et des codex que recèlent les monastères de Sainte-Catherine au Sinaï et de Saint-Sabas en Judée.

Grâce à son initiative, le patriarcat orthodoxe peut enfin soutenir le choc des concurrences occidentales. À son tour, la cour impériale va multiplier les acquisitions et la Mission russe comptera près d'une centaine d'institutions religieuses, scolaires, hospitalières et caritatives à l'orée de la décennie 1880. Un notable rebond car, dans l'entre-deux, la guerre de Crimée entraînera sa fermeture. Autres temps, autres mœurs, les boycottages ne sont pas alors culturels, mais cultuels : on n'interdit pas aux artistes d'exposer, mais aux prêtres de célébrer. En 1856, le traité de Paris, qui soldera le conflit, obligera la Russie à restituer certains des territoires qu'elle a conquis, particulièrement en Europe centrale, mais l'autorisera à revenir sans préjudice en Terre sainte. Sans doute parce que les affaires sacrées se soustraient aux négociations rationnelles. De la même façon qu'elles peuvent affoler les guerres.

Une nouvelle étoile est née

Où est la Crimée dans cette débauche d'escarmouches religieuses ? Au centre. Parce que de nœud stratégique, elle est passée au rang de plate-forme prosélyte. L'Ukraine ? Partout. Affleurante mais bel et bien présente. Nicolas Gogol est issu d'une lignée cosaque du Dniepr et s'est choisi pour père spirituel Innocent, l'archevêque de Kharkiv, le rénovateur et réformateur de la laure de la Dormition à Bakhtchissaraï, jadis capitale des Tatars et haut lieu de résistance orthodoxe contre le khanat musulman. Porphyre Ouspensky a commencé sa carrière d'archimandrite à Odessa et l'a finie comme évêque auxiliaire de Chyhyryn, autre capitale mais cette fois de l'hetmanat cosaque, non sans avoir remis au musée de Kiev les rarissimes icônes à l'encaustique ayant traversé la crise iconoclaste qu'il a rapportées de ses périples en Orient.

Surtout, à la veille de la guerre de Crimée, Rome et Constantinople ont à nouveau rompu des lances. Par encycliques interposées. La révolution industrielle façonne un monde neuf, entraînant toutes sortes de révolutions secondes mais en rien accessoires. L'entière conception de la société mute. Qu'ont à en dire les sièges primatiaux ? Dès les débuts, l'évangélisation latine a fondé une fédération de nations étatiques réunies autour du droit et la grecque, une communauté de peuples nationaux unis autour de la foi. La permanence de cette différence, qui a été d'abord ecclésiale, est criante dans les métamorphoses politiques d'alors (comme dans celles d'aujourd'hui).

Au mitan du XIXe siècle, les expressions théologico-politiques principales qui se manifestent autour du conflit qui réunit les grandes puissances du moment demeurent la catholique et l'orthodoxe. Elles sont à

La crucifixion de l'Ukraine

l'origine de la ligne de front sur laquelle la guerre va se dérouler. Il en est bien une troisième, liée au monde protestant. Mais la Communion anglicane ne fait que dupliquer le Commonwealth britannique. Il y va historiquement, à travers la colonisation, de l'extension d'un culte national à une échelle impériale : le destin de l'Angleterre insulaire n'est pas continental, mais maritime, atlantique, thalassocratique. Quant à la théologie, l'anglicanisme en connaît au moins d'eux : l'une que l'on pourrait dire catho-épiscopale (la *High Church*) et l'autre, presbytéro-réformée (la *Low Church*). Ce qui revient à jouer sur les deux tableaux : l'autorité de la loi et l'unité du peuple. Ce calcul vaudra tant que l'organisation du monde reposera sur l'ordre européen déduit des guerres de religion, mais ne survivra pas au premier conflit mondial en 1914-1918 et à l'avènement de l'Amérique, de sa religion civile et de son modèle théodémocratique.

L'heure de Washington n'a pas encore sonné en 1848. Des siècles après les disputes médiévales sur le filioque, Pie IX adresse à l'Orient une lettre encyclique sur la suprématie du siège de Pierre où il annonce le dogme de l'infaillibilité pontificale. Laquelle dogmatisation, tardive et discutée, sera proclamée par le concile Vatican I qu'il convoquera en 1870 à Rome (au prix du paradoxe, noteront les théologiens orthodoxes, qu'il aura fallu un vote conciliaire pour que le pape puisse dorénavant se passer du consensus conciliaire). Cette même année 1848, les patriarches orientaux sont réunis à Constantinople par Anthème IV, revenu des îles des

Jérusalem, tombeau des empires

Princes où le sultan Abdülmecid l'avait exilé afin de doucher son enthousiasme pour l'indépendance grecque. Dans leur propre encyclique, les patriarches répondent au souverain pontife que la vérité de l'Église réside dans le peuple.

L'événement majeur de l'an 1848 est bien entendu le printemps des révolutions. D'un peuple à l'autre en Europe, comme par solidarité, les soulèvements, réussis ou ratés, cette seconde issue étant la plus fréquente, s'enchaînent. Quelles sont ces insurrections ? Sicilienne, milanaise, française, helvétique, allemande, autrichienne, hongroise, polonaise. Toutes ou presque se déroulent au sein de nations de tradition religieuse romaine ou réformée. Mais en fait pour l'essentiel romaine. Sur le versant orthodoxe ? Les Grecs ont eu la leur en 1821 mais vivent depuis 1832 sous une monarchie bavaroise imposée par les puissances occidentales. Les Serbes et les Bulgares devront attendre leur tour qui viendra lors du congrès de Berlin en 1878 lorsque les mêmes chancelleries ratifieront leur indépendance faute de bien fixer leurs frontières : la première guerre entre les deux pays adviendra en 1885, la deuxième en 1913, Vienne et Pétersbourg se mêlant aux deux qui préluderont au grand conflit continental. En 1848, seuls les Valaques et les Moldaves, embryons des Roumains, ont droit à leur révolte : ils sont littéralement écrasés par l'alliance des empires qui joue en faveur de la Sublime Porte, musulmane mais elle aussi impériale. Pourquoi cette différence entre les deux versants de l'Europe ? Parce que, bien que nationale des deux côtés, la revendication

La crucifixion de l'Ukraine

des peuples de l'Ouest est avant tout le progrès, celle des peuples de l'Est par-dessus tout l'identité. Chacun son histoire ? C'est bien cela.

À appuyer de la sorte, dans leurs proclamations solennelles, respectivement sur la règle de l'uni-catholicité et sur la règle de la pluri-catholicité, Rome et Constantinople prennent des risques considérables dans le siècle. Pour la papauté, celui d'un retard sur l'histoire : 1848 est aussi l'année où Karl Marx et Friedrich Engels publient le *Manifeste du Parti communiste,* auquel Léon XIII, le pape de la modernité, répondra par *Rerum Novarum,* où il exposera la doctrine sociale de l'Église mais seulement en 1891, près d'un demi-siècle plus tard. Pour le patriarcat œcuménique, celui d'une fragmentation de l'espace : ce ne sera qu'en 1872, là encore tardivement, que sera promulguée dans une nouvelle *Encyclique* la condamnation de l'ethnophylétisme, autrement dit la confusion entre religion et politique qui conduit les peuples de son ressort canonique ayant acquis un État indépendant à le doubler d'une Église nationale.

Le socialisme d'un côté, le nationalisme de l'autre : les deux sièges ont chacun du mal à se reconnaître dans ces avatars sécularisés. Les empires du moment, de leur côté, croient avoir l'éternité devant eux. Sans doute leur a-t-il échappé que cette même année 1848 a paru la première revue en langue ukrainienne, *L'Étoile de Galicie*. Revendicatrice à l'égard des diverses dominations en jeu, sans distinction et sans exception. Toute guerre est aussi l'occasion pour toute fabrique nationale de réarmer la conscience patriotique.

Jérusalem, tombeau des empires

Meurtres au Saint-Sépulcre

Le déclenchement des hostilités est imminent. L'instauration de l'évêché anglican, la restauration du patriarcat latin, la création de la Mission russe sont actées au cours de la même décennie 1840, quelques années à peine avant 1853. La concentration des forces religieuses en Terre sainte annonce la confrontation des forces militaires en Crimée. La manche de 1850 entre les grandes puissances chrétiennes n'échappe pas à la corrélation des fronts, d'un Orient à l'autre.

À Jérusalem, l'ambiance paraît hiératique, faite du ballet incessant de prélats courant en habits chamarrés de célébration en commémoration. Le fond de l'air est pourtant effervescent. Ces mêmes prélats, férocement divisés, ne communient qu'à l'anxiété d'être spoliés de la plus minime parcelle des Lieux saints dont ils se sont âprement disputé l'usufruit. Si Jérusalem ne connaît pas de Saint-Barthélemy, c'est que son régisseur n'est pas chrétien.

Dès le Moyen Âge, afin d'écarter le reproche de favoritisme mais aussi pour éviter toute mauvaise surprise, les sultans ayyoubides ont confié les clés du Saint-Sépulcre au clan des Nusseibeh, une famille de notables musulmans sunnites. Les sultans mamelouks puis ottomans ont suivi cette attitude devenue une tradition. Pris dans les batailles picrocholines entre le patriarcat grec, le patriarcat arménien et la custodie franciscaine, ils se sont efforcés de réguler les quotas et les quorums de toutes

La crucifixion de l'Ukraine

sortes. Sur les calendriers, les jours, les horaires. Sur les surfaces et les mobiliers. Sur les tapis, les encensoirs et les veilleuses. Sans grand succès.

Au gré de ses victoires et de ses défaites sur les champs de bataille, la Sublime Porte a enchaîné les firmans contradictoires, alors que ces édits sont censés réguler les droits et devoirs de chaque confession. Celui de 1690 a favorisé les Latins. Mais trop. Celui de 1757 a rendu leurs privilèges aux Grecs. Mais pas assez. Enquiller les cessez-le-feu promis à ne pas être respectés revient à souffler sur les braises. Or elles sont d'une ardeur divine à Jérusalem.

À l'entour de 1840, l'inflation et l'internationalisation des clergés importés compliquent encore plus la tâche des quelques policiers du culte et notaires du cadastre que compte l'indolente administration ottomane. Toujours plus divers et toujours plus fournis, les comités de missionnaires qui débarquent se distinguent mal, par leur manières, des corps expéditionnaires. En fait, ils en sont les éclaireurs et les supplétifs, n'hésitant pas à manier l'insulte et la bagarre. Pour faire face, le pacha prend l'habitude de poster des bachi-bouzouks, baïonnette au fusil, devant les sanctuaires chrétiens. Avec ordre d'intervenir dès que pointe une algarade. L'escalade semble irréfrénable. Entre les congrégations chrétiennes, sur place, le ton monte. Entre les capitales impériales, de l'autre côté des mers, aussi. Il ne manque qu'un détonateur religieux pour qu'explose ce sac de nœuds géopolitiques. Un acte sacrilège qui justifierait, enfin, l'entrée en guerre sainte. Il va y en avoir plusieurs.

Jérusalem, tombeau des empires

Les cycles de violence se superposent. Les éphémérides s'emplissent d'actes d'agression et de représailles : 1846, Jérusalem, les protestants expulsent les Arabes chrétiens de leurs propriétés qu'ils ont achetées au pacha ; 1848, Beit Jala, les orthodoxes retiennent prisonnier le patriarche latin Giuseppe Valerga ; 1849, Nazareth, les franciscains brûlent publiquement les volumes de la Bible Society ; 1852, Naplouse, les melkites saccagent l'école luthérienne. Paul-Émile Botta, le consul de France qui a écumé les postes en Orient, se pique d'archéologie et se déplace en uniforme militaire accompagné d'estafiers, ne sait plus où donner de la tête. Chantages et subversions, vandalisme et autodafés, attentats, prises d'otages, médiations diplomatiques et omerta étatique : rien ne sera bien nouveau sous le soleil oriental du siècle suivant. Pas même les émeutes meurtrières. Elles se produisent par deux fois à la veille de la guerre de Crimée et, chaque fois, dans le Saint des saints. Ce sont elles le détonateur.

En 1846, alors que les festivités pascales approchent, le sang va couler sur les dalles du Sépulcre. Cette année-là, pour une fois, les calendriers catholique et orthodoxe coïncident. La dispute gronde cependant entre les frères franciscains, italiens, et les moines hagiotaphites, grecs, autour d'un tapis disparu. Puis, dans la nuit du 10 avril, vient la redoutable question des tours de célébration. Qui sera le premier à annoncer la résurrection ? Une rixe s'ensuit. Lorsque les gardes ottomans se décident à intervenir, quarante cadavres reposent de part et d'autre du tombeau du Christ. L'année d'après, en 1847, c'est la Nativité, à Bethléem, qui chavire. Les franciscains accusent cette fois les hagiotaphites d'avoir dérobé l'étoile d'argent sertie dans l'autel de la Grotte par hantise de ses gravures en latin. Les coups pleuvent. Les deux camps auront à déplorer des morts, martyrs d'on ne sait quelle cause. Sinon l'idolâtrie de la Terre profanée.

Tout peut dès lors s'emballer. Ces querelles de sacristie ne sont telles qu'en apparence. Elles constituent des affaires d'État, conduisent directement à une crise internationale et vont se conclure par une guerre totale. En 1852, la Sublime Porte pense parer au pire en publiant un firman qui confirme les règles de cohabitation sur les Lieux saints telles qu'elles ont été arrêtées en 1757. Ce document, le Statu Quo, dont le nom résume l'absence d'inventivité, ne concerne pas que les confessions chrétiennes bien qu'il traite d'elles pour l'essentiel. Le règlement qu'il consigne consiste dans la description pointilliste des objets, des us et des coutumes au moment de sa rédaction et les fige quasiment pour l'éternité puisque tout amendement réclame le consentement de l'ensemble des parties. Les Britanniques, les Jordaniens puis les Israéliens le reprendront tel quel par commodité. Ce qui explique que le plafond finement sculpté de la Nativité ait pu rester vermoulu jusqu'en 1991 et que l'échelle ouvragée négligemment accrochée à un fenestron du Saint-Sépulcre soit encore là en 2022 : le greffier du Statu Quo n'avait pas répertorié les caissons mais avait recensé l'escabeau. On ne pouvait donc ni restaurer l'un, ni bouger l'autre. L'Orient paraît compliqué car il tend à être immobile. Mais lorsqu'il bouge, souvent la Terre tremble.

Jérusalem, tombeau des empires

Sus à l'hérétique !

C'est le firman de 1757 entériné en 1852 que brandit le tsar Nicolas Ier pour exiger du sultan Abdülmecid Ier la réparation des incidents qui ont affecté la bonne tenue des Lieux saints. Et ce, en sa faveur. Ce qui reviendrait à surhausser le droit d'ingérence dans les affaires des chrétiens d'Orient dont dispose Saint-Pétersbourg. Et, au final, à abroger les privilèges dont jouit Paris. Les deux hommes ont peu de chances de s'entendre car Abdülmecid, libéral sincère, a commencé de moderniser son empire en y introduisant une ébauche de citoyenneté. Il est de plus francophone et francophile grâce à sa mère, une Beauharnais enlevée par les Barbaresques alors qu'elle voguait vers la Martinique et devenue la favorite de son père, le réformiste Mahmoud II. Napoléon III est donc son cousin. Attentif à cette relation familiale mais aussi stratégique, ce dernier a nommé ambassadeur à Constantinople Charles de La Valette, un thuriféraire du relèvement diplomatique de la France.

À l'inverse d'un Saint-Priest, La Valette, catholique ultramontain, admiratif du pape à poigne qu'est Pie IX et passionnément anti-orthodoxe, croit en l'intransigeance. Et à la montée immédiate aux extrêmes. À la demande russe, il répond, dans le cours de l'été 1851, que la détermination française à défendre ses droits capitulaires est entière et qu'elle recourra à la guerre, si besoin est, pour les faire respecter. La sommation tombe à plat à Constantinople mais la colère qu'elle provoque

La crucifixion de l'Ukraine

à Saint-Pétersbourg force Paris à rappeler La Valette en août 1852. La pression russe sur la Sublime Porte toutefois ne tarit pas. Napoléon III ose alors le bras de fer et, le mois de novembre suivant, rompant avec les accords internationaux, envoie sa marine mouiller dans les eaux du Bosphore avec pour mission de lui rapporter les clés de la basilique de Bethléem. Sans attendre, Nicolas Ier étend le front, dépêche d'importantes troupes en Bessarabie, à la jointure ukraino-moldave, et les déploie en position d'assaut.

Onze mois de fausses négociations entre adversaires et de vraies tractations entre alliés vont permettre à tous les acteurs de la guerre de Crimée de préparer la confrontation qu'aucun d'entre eux ne désire éviter. Chacun tient le rôle attendu. À Constantinople, Abdülmecid sait que le peuple gronde, agité par les oulémas qui rejettent sa politique dite des tanzimats, la réforme des mentalités qu'il mène à grands coups de restructurations juridiques et administratives inspirées de la modernité occidentale. Les mêmes clercs musulmans lui reprochent l'abandon de territoires hier conquis et aujourd'hui retournés au christianisme. Le sultan craint une révolution islamique. Il comprend que la mobilisation générale la retardera à défaut de l'éteindre.

À Londres, le Premier ministre de la reine Victoria, Henry John Temple, dit plus simplement lord Palmerston, a fait ses armes politiques, c'est le cas de le dire, comme secrétaire d'État à la Guerre puis aux Affaires étrangères. Pour lui, les buts de celle qui vient sont clairs : il faut définitivement affaiblir la Russie afin de la

Jérusalem, tombeau des empires

priver de son influence, et de son pouvoir de nuisance, sur l'Europe et le consortium d'intérêt économique qu'elle constitue à l'échelle du monde. Belliciste à l'égard de Saint-Pétersbourg, il estime également que le conflit aura une répercussion positive sur le vrai axe de son action : le réaménagement des relations commerciales avec la Chine au bénéfice des industries anglaises et des productions de l'Inde alors britannique.

À Saint-Pétersbourg, la cour impériale montre par mille façons que l'entrée en guerre ne lui fait pas peur et que la guerre ne lui fera même pas mal. On aligne le nombre, le progrès technologique, la pleutrerie de l'Occident sous ses airs bravaches. Et, en février 1853, Nicolas Ier envoie comme ambassadeur à Constantinople le plus revêche de ses diplomates, le prince et général Alexandre Menchikov. L'homme est savant, polyglotte, distingué, mais a un contentieux personnel avec les Turcs : blessé par un boulet ottoman lors de la campagne des armées tsaristes dans les Balkans en 1829, il y a perdu ses testicules. Il n'est guère besoin de remonter sa détermination à faire plier la Sublime Porte. C'est un ultimatum qu'il pose au sultan en lui demandant d'abroger toutes les dispositions en faveur des puissances européennes, et tout particulièrement la France, car elles cristallisent, dit-il, un projet d'agression contre la Russie. À l'Empire ottoman donc de sceller, par de nouveaux traités, sa neutralité.

À Paris, l'heure est à la politique de la canonnière. L'envoi de la flotte dans la mer Égée vient marquer que le compte à rebours est enclenché. La bataille qui

La crucifixion de l'Ukraine

préoccupe Napoléon III est celle de l'opinion. L'autre guerre, intérieure, celle des deux France, n'a pas commencé mais ses prodromes sont là. Comment gagner dans le même temps le camp catholique et le camp anticlérical ? Au premier, on expliquera qu'il s'agit d'une lutte pour le triomphe de la foi latine sur le schisme orthodoxe. Au second, qu'il y va d'un combat pour la victoire de la civilisation européenne sur la barbarie du despotisme asiate. La guerre de Crimée est le chemin le plus court pour garder la maîtrise de l'Orient.

À la veille du début des hostilités, Mgr Sibour, l'archevêque de Paris, bénit les troupes napoléoniennes en les exhortant à extirper l'hérésie orthodoxe, gréco-slave. De son côté, Son Éminence Nikanor, le métropolite de Saint-Pétersbourg, fait de même avec les armées tsaristes, mais en les sommant d'en finir avec l'hérésie catholique, latino-franque. C'est une nouvelle guerre de religions qui secoue le continent européen.

Qui gagne perd

Le bilan de ce conflit est consternant. La guerre de Crimée va durer deux ans et six mois, du 4 octobre 1853 au 30 mars 1856. Débordant son théâtre d'opération, elle se propagera de la mer Noire à la mer Méditerranée, la mer Baltique, la mer Blanche et au Pacifique. Mettant en œuvre des arsenaux militaires et des moyens techniques d'une puissance et d'une sophistication

Jérusalem, tombeau des empires

jusque-là inconnues, elle causera 750 000 morts parmi les 1 900 000 soldats mobilisés, livrés à des assauts coûte que coûte ou ravagés par les épidémies de typhus et de choléra. Elle comptera de terribles stations de croix qui survivront dans la Ville lumière comme des stations de métro, Alma, Sébastopol, Malakoff et, bien sûr, Crimée. Mais le port d'Odessa, édifié par Armand-Emmanuel de Richelieu pour le compte de Catherine II, portera longtemps les cicatrices des bombardements de la flotte française. De même que le bourg de Balaklava, ceux des 250 000 obus échangés en un seul jour, un lundi de Pâques, et des attaques suicidaires de part et d'autre. Quant au traité de Paris, signé le 30 mars 1856, qui s'efforcera de créer un devoir de limitation à l'Empire russe et de libéralisation à l'Empire ottoman, il restera lettre morte. La Russie, vaincue mais gardant la Crimée, le dénoncera en 1871, après le désastre français de Sedan.

Aucun des belligérants n'a su voir alors dans la Confédération germanique le seul bénéficiaire de cette immense tuerie puisque, se tenant à l'écart des combats sans relâcher son application à s'industrialiser et à s'armer, elle a ainsi préparé l'avènement du Deuxième Reich allemand et sa capacité à régenter le Vieux Continent. Bientôt, Berlin sera le gendarme de l'Europe et, pour un temps, l'arbitre du monde. C'est là une leçon, voire un précédent à méditer : les guerres, quand elles se font globales, voire mondiales ou mondialisées, bénéficient aux tiers qui sont neutres ou contributeurs à la marge. Il est rare que la plus-value de la non-intervention ne supplante pas la prime à l'engagement une fois établie la balance des profits et des pertes.

En ajoutant le fait religieux au fait géopolitique, la guerre de Crimée s'inscrit dans la suite d'une hostilité fondatrice et fondamentale qu'elle réactive. Le vaisseau-amiral que Napoléon III a envoyé dans le Bosphore pour affirmer ses droits est celui qui a inlassablement bombardé Odessa, cité construite par un Français et où Pouchkine, qui y a été un temps exilé, se régalait de trouver les revues littéraires parisiennes. Si la guerre de Crimée a été une affaire de civilisation, il s'est alors agi d'une catastrophe civilisationnelle dont nul n'est ressorti gagnant. Mais, pour la petite et en fait grande histoire, le nom de ce vaisseau n'était autre que le *Charlemagne*. La culpabilité amère que nous inspire l'actuelle guerre d'Ukraine tient aussi à la conscience embrumée que nous avons oublié notre plus lointain mais aussi plus proche passé.

Nos oublis et dénis

Un siècle et demi à peine après la guerre de Crimée, l'agression de Vladimir Poutine contre l'Ukraine nous a laissés proprement sidérés. Ce n'est pas qu'elle était imprévisible. C'est qu'en retenir l'hypothèse revenait, estimions-nous, à en précipiter la probabilité. Cette crainte heurtait notre conviction qu'il ne pouvait plus y avoir, à l'aube du troisième millénaire, de contentieux irrémédiable, de crise rétive à quelque solution négociée. Mais une telle conviction participait de la croyance. Nous espérions superstitieusement que la bénévolence ait, par soi, le pouvoir d'exorciser le malheur.

En dilatant l'attente, Vladimir Poutine a érodé notre faculté de juger et aiguisé notre disposition à la faiblesse. Face à ce qu'il leur a paru une épreuve d'intimidation, les dirigeants occidentaux ont jugé que l'incrédulité pouvait conjurer l'inconcevable. Ils ont été démentis par l'affirmation subite de la cruauté qui a submergé l'Ukraine, engloutie sous le déluge des avions et la déferlante des tanks. Pour justifier notre sidération, nous avons alors invoqué toutes sortes de retours

La crucifixion de l'Ukraine

déconcertants en lieu et place des inexorables continuités qu'il nous aurait fallu constater.

L'illusion des retours

Nombreux ont été les trompe-l'œil que nous avons vite adoptés pour nous convaincre que ce nouveau conflit participait du déjà-vu. Le retour de la Guerre froide ? Comme si l'Alliance atlantique s'était sabordée en 1991 lors de la dislocation de l'Union soviétique, comme si dès 1994 la doctrine Primakov élaborée sous Boris Eltsine n'avait pas érigé l'Occident en ennemi principal de la Russie, et comme si le Pentagone n'avait pas installé, dès 2002, un bouclier antimissile sur le tracé de l'ancien Rideau de fer. Le retour de la guerre en Europe ? Comme si l'implosion de l'ex-Yougoslavie n'avait pas ravagé les Balkans pendant plus de dix ans, entre 1991 et 2001, et que l'on ne craignait pas que l'incendie à tout moment reprenne. Le retour des empires ? Comme si Moscou n'avait pas absorbé l'Abkhazie en 1992, l'Ossétie du Sud en 2008, la Crimée en 2014 ; Pékin, Hong-Kong en 1997, puis derechef en 2020 ; Ankara, coiffant Bakou, le Haut-Karabagh en 2021. Le retour du tragique ? Comme si des hécatombes de Grozny en 1994 et 2000 aux tueries de Paris en 2012 et 2015, les massacres n'avaient pas abondé partout.

Le retour du sacré ? Comme si, dès 1979, une décennie avant 1989 et la chute du Mur, à Kaboul et

Nos oublis et dénis

Téhéran, à Washington et Jérusalem, à New Dehli et Rangoon, les fondamentalismes n'étaient pas entrés en militance. Le retour de la terreur ? Comme si le djihad mondial lancé par Al-Qaïda à Sanaa en 1998, acté par les kamikazes des Twin Towers en 2001, amplifié par les égorgeurs de Daech à Mossoul en 2014, ne recrutait pas des sicaires de Bamako à Kuala Lumpur en 2022.

Où avions-nous la tête dans ce tourbillon de dates, de lieux, de faits menaçants, d'événements mortifères dont le détail occuperait des volumes mais qui, ramassés à l'instar d'un algorithme, dit le chiffre de notre époque ? Quelle inattention ou quelle incurie nous a frappés pour que l'invasion de l'Ukraine à ce point nous surprenne ? Sans doute l'abondance des horreurs nous a-t-elle inclinés à abdiquer l'attrait pour les prémonitions. Plus sûrement, d'avoir à admettre que la religion du progrès infini, calcinée sur les bûchers qu'elle avait dressés, n'ait pas cédé la place à une sagesse de l'autolimitation mais à la religion de la guerre perpétuelle nous a laissés proprement déroutés.

Après 1989, il a pris moins de printemps qu'une main ne compte de doigts pour que la globalisation, décrétée heureuse, ne soit dénoncée comme calamiteuse et qu'on ne la blâme d'avoir couronné la finance. Il n'était pas malaisé toutefois d'anticiper que tel Janus aux deux visages, à la fois centripète et centrifuge, consistant ensemble dans la fusion des différences et dans la fission des dissidences, la mondialisation entretiendrait également un état permanent d'hostilité. Et qu'elle s'ac-

La crucifixion de l'Ukraine

compagnerait aussi bien d'une prolifération que d'une maximalisation inédites des conflits.

Mais, ayant occulté le totalitarisme, empressés d'ignorer sa latence, nous avons fait machine arrière face à l'évidence qui roulait sur nous à tombeau ouvert : nous n'en avions pas fini avec les guerres de religions. Celles qui avaient frappé un peu plus tôt sur notre sol venaient d'ailleurs, relevaient d'un autre monde. Celle qui se profilait là se déroulerait chez nous, dans l'abécédaire de notre propre univers : le djihad nous demeurait extrinsèque, la croisade participait de notre terreau. Manifestement, le temps où on la convoquait n'était pas révolu. D'où l'opacité soudaine qu'opposait à nos regards éberlués la prédication poutinienne sur la délivrance de Kiev et des sources de la vraie foi, missiles à l'appui.

Un biais sacré

De tous les retours présumés qui n'en sont pas, ou ne le sont pas vraiment, ou ne vont pas ainsi, si simplement, le retour du religieux demeure le plus égarant. Nous avons attribué le surgissement de l'attentat ubérisé à une résurgence du Moyen Âge. L'incriminer nous arrangeait. L'accusé ne broncherait pas lorsqu'on retournerait contre lui son invention de l'inquisition et il ne l'effleurerait pas de plaider que la chasse aux sorcières avait été inventée bien après lui par les philosophes puritains et misogynes des Temps modernes.

Nos oublis et dénis

Simplifier nous dispensait d'avoir à penser que le fait religieux n'avait jamais cessé de conformer l'histoire, y compris la nôtre, récente et contemporaine. Qu'il n'avait pas disparu mais s'était métamorphosé. Que la dynamique de sa transformation avait été contiguë à l'essor de la modernité. Qu'il avait été double et ambivalent. Que d'un côté, il avait avancé masqué sous les catéchismes, rites et grands-messes de l'humanité régénérée que Robespierre avait instaurés sous les auspices de l'Être suprême, Lénine, Staline et Pol Pot sous ceux de la Classe prolétarienne, Hitler de la Race supérieure. Que de l'autre, les croyants réfractaires à la raison s'étaient transformés en combattants de la foi dès les Lumières, qu'ils avaient adopté dans l'entre-deux-guerres les méthodes du militantisme révolutionnaire et que la chute du communisme advenue, leur entrée en lutte ouverte et globale n'avait été que l'aboutissement visible de cette longue gestation souterraine.

C'est une décennie avant l'effondrement du communisme, en 1979, que nous avons changé de registre politico-religieux et nous n'avons toujours pas réalisé, à ce jour, le chaos durable que ce tournant préfigurait. Cette année-là, les moudjahidines, que rejoindra Oussama ben Laden, se lèvent pour bouter l'athéisme soviétique hors d'Afghanistan, tandis que les pasdarans de l'imam Khomeiny chassent les impies de Téhéran et qu'à La Mecque les chiites tentent de prendre aux sunnites la possession des lieux saints de l'islam. Cette année-là également, les syndicalistes polonais de Solidarité, galvanisés par le fervent catholique Lech Walesa,

La crucifixion de l'Ukraine

bénéficient du soutien de Jean-Paul II nouvellement élu au Vatican, alors que les évangéliques américains partis sous la houlette du pasteur Billy Graham à l'assaut de Washington rallient avec enthousiasme Ronald Reagan. Cette année-là aussi, les zélotes juifs du Bloc de la foi, enflammés par les prêches du rabbin Zvi Yehouda Kook, entrent en Israël au Parlement, alors que les Frères musulmans palestiniens, sous les exhortations du cheikh Ahmed Yassine, le fondateur du Hamas, créent la première université islamique à Gaza. Cette année-là encore, les partisans de l'hindouïté réunissent sur les bords du Gange le dalaï-lama et les dignitaires bouddhistes thaïs, viets, birmans, pour propager le programme de leur doctrinaire en chef Vinayak Damodar Savarkar, qui consiste à purifier le Sud-Est asiatique de toute influence allogène. Cette même année 1979 enfin, en Union soviétique, l'archevêque Kirill de Smolensk commence à s'imposer comme le chef de file des prélats russes et entame sa longue marche vers le trône patriarcal afin de se faire le thuriféraire du Kremlin.

Du malentendu à la méprise

À l'orée de notre génération, le prétendu retour du religieux s'est ainsi coulé dans la faillite des systèmes matérialistes de nature utopique et à visée messianique. Il ne les a pas abolis, il les a accomplis. Et d'autant plus aisément qu'eux-mêmes constituaient des religions

Nos oublis et dénis

séculières. Si ce n'est que la combinaison de leur nature imitative et de leur athéisme proclamé, leur affectation des promesses naguère célestes à des perspectives dorénavant terrestres les exposaient à une péremption rapide. Moins d'un siècle a suffi pour les épuiser et il n'est resté alors que l'ancien arsenal identitaire pour refonder les tyrannies et réarmer les masses.

Afin de perpétuer le despotisme, les nouveaux autocrates ont vite redécouvert qu'il n'est pas de facteur plus totalisant, exclusif, mobilisateur que les anciennes croyances religieuses. Surtout lorsqu'elles sont objet de radicalisation, ce mot ne signifiant pas étymologiquement le recours aux extrêmes mais aux racines, avec pour effet de suspendre l'histoire réelle à une origine fantasmée et aisée à grimer en finalité impérieuse. Avant de signifier en politique le grand chambardement, le mot « révolution » disait en astronomie la boucle se refermant sur son point de départ.

Aujourd'hui, Recep Tayyip Erdogan prie avec ostentation dans Sainte-Sophie dont les kémalistes avaient fait un temple profane. Xi Jinping cite en abondance les pensées de Confucius dont les gardes rouges brûlaient les recueils. Vladimir Poutine inaugure avec solennité les monastères que les Bolcheviks dynamitaient. Nous n'y avons pas vu la reconstruction du monde qu'opérait cette divinisation redoublée de l'absolutisme, d'autant plus virulente et cynique que composite et rapiécée, mêlant indistinctement le fait totalitaire et le fait religieux, concrétisant la synthèse des courants les plus ténébreux de l'inconscient moderne, jadis adversaires,

La crucifixion de l'Ukraine

désormais auxiliaires. Jusqu'à ce que le même Vladimir Poutine, au nom d'une religion réinventée (l'orthodoxie russe ou le russisme orthodoxe, on ne sait), mais avec un zèle indiscutablement religieux, attaque l'Ukraine non sans honnir au passage notre irréligion supposée et vouer aux gémonies l'Occident anathématisé comme décadent dans ses mœurs parce que déclinant dans ses credo.

Que nous est-il arrivé ? Nous avons minoré l'histoire et la géographie que la religion a formatées plus que n'importe quelle autre instance et elles nous sont devenues telles des langues étrangères. Nous avons omis que le fait religieux est premier, qu'il tient du code génétique, qu'il structure les mentalités collectives et qu'il n'a pas besoin d'être manipulé pour influer. Nous avons méjugé que s'il est une division du monde en aires et en blocs, elle réside d'abord dans les imaginaires, que les représentations symboliques instruisent les institutions politiques, économiques, sociales, non pas le contraire. Nous avons oblitéré que toute culture procédant toujours d'un culte, aucune frontière d'ordre physique n'a jamais empêché un affrontement à prétention métaphysique. Et, enfin, occulté que le sacrifice suprême s'accomplit d'autant mieux qu'une figure invisible et improuvable, mais d'autant plus souveraine, le commande.

En bref, nous avons compris que la fin de l'histoire qu'avaient prédite de piètres prophètes dans les suites de 1989 était un leurre, mais nous avons choisi de faire comme si. Ou, plutôt, nous nous sommes per-

Nos oublis et dénis

suadés que notre havre européen, résigné à se survivre désarmé après la déferlante des désastres commis par nos anciens, nous garantirait un abri sûr parce que sécularisé, étanche aux folies s'emballant ailleurs. Une sorte d'utopie placide, offerte en prémices de la paix universelle. Et que l'univers en furie des potentats récuse. Poutine le premier.

La disjonction des mémoires

Plus que n'importe quel critère statistique, l'opposition entre leurs traitements de la mémoire et de l'histoire partage les deux Europe. L'inclination de l'Ouest à l'hypomnésie niveleuse et la propension de l'Est à l'hypermnésie sélective intensifient, de part et d'autre, les positions respectives sur la paix et sur la guerre. Cette dissemblance s'est accentuée au fil des âges. L'un des traits fonciers et distincts de l'Orient le plus proche que nous coudoyons tient à ce qu'il est anarchiquement constitué de dépôts religieux antagoniques, que ces dépôts lui créent des impasses politiques et que ces impasses engendrent de nouvelles situations anarchiques. Le sentiment de fatalité que cette répétition induit en devient pour nous intenable et, pour lui, irrésistible.

C'est pourquoi, dans cet univers oriental qu'est l'Est européen, la mémoire l'emporte sur l'histoire. La rumination sur la rectification. Le règlement de comptes sur l'apurement du bilan. Sans possible dénouement à

La crucifixion de l'Ukraine

court ou moyen terme. Ce qu'accentue le fait que dans l'univers oriental la mémoire ne relève pas du choix individuel, mais de l'obligation collective. Le temps qu'elle configure n'est pas linéaire, mais cyclique. Ce qui advient en fait revient. Le souvenir du passé décide du présent et de l'avenir. Il chapitre l'actualité parce qu'il cristallise l'unique information qui vaille. La réitération incessante des mémoires empilées et enchevêtrées, blessées et belliqueuses, irrésolues et irréconciliables, forge ainsi un éternel présent où se joue, infiniment recommencée, la délivrance qui viendra réparer l'injustice primordiale et les humiliations récurrentes. Ou vécues comme telles car il s'agit aussi bien de se délivrer des démons qui harassent le souvenir et harcèlent le subconscient. En diabolisant l'autre.

Dans cet univers d'inquiétude temporelle, fixer l'espace constitue un acte de sauvegarde qui s'apparente le plus souvent à un combat pour la survie. Surtout lorsqu'en dépend l'émancipation à l'égard du modèle politique le plus communément répandu et qui est l'empire. S'il est arrivé à l'Orient d'être colonisé, il ne s'est pas montré moins colonisateur que l'Occident mais sur le mode de la contiguïté. Il a procédé par l'annexion et l'assimilation du riverain. La concurrence des puissances dominantes a fait ainsi se superposer les cercles concentriques d'expansion. L'inconstance des liens de vassalité, des lignes de démarcation, des systèmes de hiérarchisation et des signes d'appartenance a favorisé, chez les peuples assujettis, la fusion entre religion, résis-

Nos oublis et dénis

tance et rébellion. Ou encore entre la conquête de leur autonomie et la reconquête de leur atavisme.

Il en a résulté, à force de recompositions dramatiques, une Babel endémique où les communautés matérielles et les communions immatérielles ne se recoupent qu'accidentellement, voire jamais. Où les indépendances sont toujours acquises au prix de révolutions qui sont autant de réactions. Où les États-nation qui s'arrachent à l'emprise des empires se veulent avant tout des Églises-nations. Et où l'empilement des mémoires longtemps prohibées, subitement libérées, facilite à intervalles réguliers la permutation entre les victimes d'hier et les bourreaux de demain. Nous avons simplifié le scénario en le pliant à la règle hollywoodienne du *happy end*. À tort.

Un Occident imaginaire

Dans le même temps, autre distorsion, la notion même de camp occidental paraît relever de la fiction. Ne serait-ce qu'à mesurer les taux de religiosité entre les deux rives de l'Atlantique : le président des États-Unis, quels que soient son excès ou son manque de croyance, prête serment sur la Bible lors de son investiture ; bien que les pères fondateurs de l'UE aient été des démocrates-chrétiens et aient choisi pour drapeau le bleu marial serti des douze étoiles d'or couronnant la Vierge, ses gouvernants ont jugé malséant ou malvenu d'en retenir

La crucifixion de l'Ukraine

les racines chrétiennes. À la différence du Nouveau Monde, le Vieux Continent s'est refusé à se doter d'une religion civile. Sans doute en signe de renoncement à son ancienne domination impériale.

Pour autant, la liberté du politique à l'égard du religieux aura été une invention tardive en Europe et il n'est pas sûr qu'elle soit à ce jour pleinement reçue. Parmi les vingt-sept membres que compte l'Union, sept reconnaissent une religion dite d'État ou établie, quinze un nombre arrêté de cultes institués au titre de leur caractère historique, huit apportent un démenti à leur loi de séparation des pouvoirs par des dispositions législatives particulières favorisant les cultes considérés comme nationaux. De plus, quatre conservent une loi punissant explicitement le blasphème et une vingtaine d'autres en reconduisent le principe sous l'intitulé d'offense aux sentiments religieux. Enfin, dix-sept sont signataires d'un concordat avec le Saint-Siège. La sécularisation et l'irréligion sont des choses différentes.

Ultime complexité, les théologies politiques des deux Rome, la première et la deuxième, ont fécondé des représentations du pouvoir qui semblent inconciliables. La permanence de cette différence, qui a été d'abord ecclésiale, est criante si l'on scrute ses métamorphoses politiques. L'addition est lourde. D'une part, une querelle théologique sur l'universalité que la Commission mixte internationale pour le dialogue entre l'Église catholique et l'Église orthodoxe n'a toujours pas résolue. Sauf pour condamner rétrospectivement (et bénéfiquement) les erreurs du passé. D'autre part, une querelle

Nos oublis et dénis

politique là encore sur l'universalité dont les puissants échos emplissent aujourd'hui l'enceinte du Parlement européen. Sauf que l'hypothétique entrée de l'Ukraine libérée et restaurée dans l'Union ne devrait pas en atténuer le volume.

L'Union européenne a certes pensé pouvoir dépasser ce hiatus en intégrant la Grèce, la Bulgarie, la Roumanie et en acceptant les candidatures de la Serbie, de la Macédoine, du Monténégro. Cette ouverture a démenti le pronostic du choc des civilisations et la formation afférente d'un bloc slavo-orthodoxe hostile au bloc occidental. Il n'est pas sûr toutefois que la transition symbolique de ces nations ait mieux réussi que leur adaptation socio-économique. Qui plus est, par-delà le critère confessionnel, ce sont les pays de l'Est dans leur ensemble qui s'opposent ou se heurtent à ceux de l'Ouest dès lors que Bruxelles s'efforce de déréguler le fait religieux.

Après 1989, l'Union européenne, en s'élargissant aux pays sortis du communisme, est venue buter sur ce malentendu fondateur. La narration des temps de la dissidence et du temps de l'émancipation a été conçue sous les auspices de l'aspiration libérale à l'Ouest et de la renaissance nationale à l'Est. À la régression démocratique dénoncée d'un côté s'est opposée la réappropriation identitaire revendiquée de l'autre. La Hongrie et la Pologne, que seule l'Ukraine cloisonne de la Russie, ont été épinglées par Bruxelles pour leurs atteintes ou manquements aux droits fondamentaux et aux libertés individuelles. Leurs gouvernants populistes, mais aussi manifestement populaires dans les urnes, ont jugé qu'il revenait à l'Union, et non pas à eux, de se réformer.

En 2022, alors que le conflit ukrainien bat son plein, à Budapest, le Premier ministre Viktor Orban, ami fidèle du Kremlin, refuse de valider le sixième train de sanctions que l'Union européenne a décrété contre Moscou. L'économie de la Hongrie dépend profondément du pétrole russe et l'embargo, dit-il, ne rechignant pas à user de la métaphore guerrière, équivaudrait « à larguer sur elle une bombe atomique ». Une irrévérence à l'égard du nouveau peuple troglodyte des caves de Kiev, Odessa et Marioupol, une révérence à l'adresse du patriarche Kirill de Moscou injustement condamné, dit-il encore, par Bruxelles, les sanctions qui le visent personnellement « enfreignant le principe de liberté religieuse » ! Or la Hongrie n'a pas de pétrole, mais n'a pas non plus d'orthodoxes : ils sont tout au plus une dizaine de milliers sur une dizaine de millions d'habitants. Ce n'est donc pas le lien confessionnel que Budapest brandit, lequel pourrait valoir pour Athènes, Sofia ou Bucarest, qui pourtant s'en abstiennent, mais la fonction que l'on confère au levier religieux dans la recomposition continentale.

Les démêlés de la Pologne avec la Commission européenne relèvent du même trouble. Dans ce pays qui est à la fois de tradition catholique et à majorité catholique, qui affiche le plus haut taux de pratique religieuse au sein de l'Union et où le conservatisme est aussi bien d'État que d'Église, les réformes législatives tendent à abolir la séparation des pouvoirs. La

Nos oublis et dénis

soumission de la sphère juridique à la sphère exécutive se traduit, lorsqu'elle touche aux mœurs, par l'immixtion du droit canon dans le droit civil. Là encore au nom d'une liberté supérieure et aux frais des libertés individuelles. À la différence de Viktor Orban, et pour d'évidentes raisons historiques, Jaroslaw Kaczynski se veut l'ennemi implacable de Vladimir Poutine. Mais, moins les dénominations respectives, les lois en faveur de la religion nationale que votent la Diète de Varsovie et la Douma de Moscou sont pour beaucoup interchangeables.

Cet antagonisme entre les deux Europe, que le règlement bâclé du conflit yougoslave a échoué à résoudre, et sur lequel a parié et thésaurisé Vladimir Poutine, continue à ce jour non pas au mépris mais à cause du conflit ukrainien. En fait, autour de l'Ukraine et avec une acuité dont nous avions zappé la violence.

Des négligences à l'imprévoyance

Il n'y a pas que nos oublis. Il y a aussi les oubliés qui leur font escorte. La décomposition de la République fédérative de Yougoslavie (des « Slaves méridionaux ») a engendré en 1991 la première guerre néo-religieuse de l'après-communisme au sein du Vieux Continent. Ce conflit a été compliqué de la présence musulmane en Bosnie, au Kosovo et en Macédoine due, comme en Albanie, à l'occupation ottomane des Balkans à partir du XIVe siècle. Qui dirait aujourd'hui qu'il est vraiment réglé ?

La mémoire de la tentative génocidaire menée par les Oustachis catho-croates et autres alliés islamo-bosniaques du Troisième Reich à l'encontre des Juifs, des Tsiganes et des Serbes, prégnante à l'Est mais oblitérée à l'Ouest, a pesé sur ce regain d'hostilités. Elle n'a pas prévenu la terrible réplique en laquelle a consisté, en 1995, le massacre de Srebrenica commis par les miliciens serbo-bosniaques. Mais pas plus au sein du Kosovo, remis au pouvoir de la majorité albano-musulmane par l'Alliance atlantique en 2000, les pogroms anti-serbes et les saccages des sanctuaires orthodoxes advenus en 2004 sans qu'interviennent les forces d'interposition des Nations unies. Dans le cycle des vengeances balkaniques, les nettoyages ethniques se suivent, encourageant l'idée que la variable émotionnelle supplante, à l'Ouest, le souci éthique.

Deux décennies plus tard, Bruxelles s'inquiète de la prolifération des groupes mafieux et de l'emprise des courants islamistes au Kosovo. Au sein de l'opinion serbe, plutôt indécise au sujet de Poutine, les bombardements sur Kiev en 2022 réveillent avant tout le souvenir des bombardements de l'Otan sur Belgrade en 1999. La sollicitude de l'Occident à l'égard de cette sœur en orthodoxie, chez qui existe aussi la question de l'héritage islamo-ottoman en raison de la concentration tatare en Crimée, suscite un sentiment d'autant plus désabusé que, dans les Balkans ou en Ukraine, la Turquie s'emploie à faire de ces terres et de ces popula-

Nos oublis et dénis

tions un vecteur de son projet de reconquête impériale d'inspiration néo-ottomane. Mais Ankara a pour elle, à la différence de Belgrade ou de Kiev, d'être intégrée dans le camp occidental depuis la Guerre froide. Tout en se montrant, sous la férule d'Erdogan, menaçante envers l'Europe.

L'autre mémoire négligée, mais dont on ne saurait faire l'économie, est la judéité. C'est à l'ouest de la ligne de fracture historique, dans son en deçà occidental, qu'a vécu la diaspora ashkénaze jusqu'à la fin du XVIIe siècle, pour l'essentiel dans l'espace carolingien élargi à l'est au Moyen Âge et qui, force est de tristement le reconnaître, sera l'épicentre de la Shoah entre 1942 et 1945. Alors qu'en Orient, l'Empire ottoman accueille à la fin du XVe siècle les sépharades chassés d'Espagne et du Portugal.

Pour l'Empire russe, le fait juif, longtemps repoussé aux frontières, ne devient une question qu'au XVIIIe siècle, lorsque sa conquête partagée avec la Prusse et l'Autriche des terres de Pologne et de Lituanie (Ukraine comprise) l'oblige à intégrer une population qui, trop importante pour être expulsée, est assignée à la zone de résidence que sera le Sthetl. Ce monde a été décimé par la Shoah. Ce qui ne signifie pas que le sort des Juifs était heureux plus à l'est. Néanmoins, dès 1991, les effets conjugués de la destruction et de la migration ont rendu la judéité presque inexistante en Ukraine, alors qu'elle demeure une réalité, même si contrainte, en Russie.

La question juive reste marginale à Kiev. Non pas que le régiment Azov, depuis normalisé, ne soit pas issu d'une idéologie suprémaciste, mais les milices séparatistes du Donbass n'ont guère à lui envier sur ce point. Non pas que Volodymyr Zelensky ne soit pas issue d'une famille juive russophone, mais le baptême orthodoxe de son épouse et de leurs enfants l'assimile à l'écrasante majorité de ses électeurs. Sa déclaration à la Knesset sur le fait que c'était justice de sauver les Ukrainiens qui avaient sauvé tant de Juifs pendant la Shoah (et il est vrai qu'il y eut des Justes) a été d'une grande maladresse, reçue par les parlementaires israéliens comme une démonstration d'ignorance.

Passant de la maladresse à l'affront, puisque la judéité du président ukrainien faisait obstacle au schéma binaire de la grande guerre bis, le ministre russe des Affaires étrangères, Sergueï Lavrov, a cru judicieux de suggérer qu'Adolf Hitler lui-même aurait pu être juif et que cela n'aurait rien changé au nazisme. Le complotisme venant écraser la martingale, Vladimir Poutine a dû admettre publiquement que l'aboyeur du régime dans les enceintes internationales n'était pas toujours la voix de son maître.

Or la fascination que le judaïsme inspire au tyran post-soviétique n'est pas feinte. Le million de russophones qui a choisi de peupler l'Israël moderne en constitue la raison pratique, et l'exception que revendique l'Israël biblique en vertu de son élection divine, le motif symbolique. Les nations qui se sont attribué un statut providentiel et une mission universelle, la France ou les États-Unis à côté de la Russie, ont puisé dans le modèle que consigne l'Ancien Testament et ce

Nos oublis et dénis

rapport mimétique n'est pas allé sans longtemps nourrir un antisémitisme viscéral, souvent retourné aujourd'hui en un philosémitisme tout aussi instrumental. Chez Poutine, il s'accompagne d'une dimension mysticisante, voire magique, qui n'est pas nouvelle dans l'histoire du Kremlin.

Les tsars avaient leurs chamans et Staline ses astrologues. Lui a ses bureaucrates du divin pour enjoliver sa verticale du pouvoir. Parmi eux, il voue une véritable camaraderie à Berel Lazar, le chef du mouvement dévotionnel Loubavitch né en Biélorussie au XVIIIe siècle et à la forte empreinte kabbalistique. Le despote aime, dit-on, écouter le rebbe disserter sur la lutte entre les forces de l'Expansion et de la Régression qui fait obstacle à l'ultime et lumineuse manifestation de l'Éternel. Ou encore sur le Petit Reste du peuple élu qui est resté fidèle jusqu'à la mort à la Loi trahie par les nations de la Terre mais aussi par beaucoup des siens. Un dialogue dont les accents exaltés n'enthousiasment ni Tel-Aviv ni la diaspora. Lesquels s'inquiètent plutôt d'une oblivion de la mémoire juive là où les Juifs ont vécu et souffert.

Comme nombre de pays de l'Est, la principale métamorphose politico-religieuse que connaît aujourd'hui l'Ukraine relève du christianisme évangélique. C'est de Moravie que les hussites, anabaptistes, mennonites et autres mouvements réformateurs d'Europe centrale, qui étaient persécutés par les États catholiques mais aussi luthériens, ont trouvé refuge dans les territoires de l'Ouest ukrainien. Cette percée n'a gagné Kiev qu'au XVIIIe siècle. Considérée allogène, elle est restée très

La crucifixion de l'Ukraine

minoritaire jusqu'en 1991. Or elle connaît depuis un grand développement sous le dynamisme des missions baptistes soutenues par les Églises néo-protestantes des États-Unis pour qui l'Ukraine est le « hub » de l'Est : le puritanisme, érigé en arme contre la corruption endémique, devient la clé d'une conformité démocratique à ce plus Occident de l'Occident qu'est l'Amérique.

Comme sur d'autres continents, la théologie de la Prospérité remplace le théologie du Salut. Une nouvelle alarmante pour les confessions historiques, orthodoxe, catholique, réformée. Mais qui préoccupe également les gouvernements européens : l'Amérique a pour culte la destinée providentielle de la République impériale protégée par les océans et qui se veut l'empire du Bien dès qu'elle en sort. C'est Rome plus l'insularité et la modernité. Raison pour laquelle le néo-évangélisme américain engendre une forme d'évangélisation dépourvue de culture propre, hormis celle de la globalisation consumériste : elle ne suscite, ni ne démarque un bassin de civilisation, elle migre au fur et à mesure que croît l'âge de la multitude. L'intervention britannique de 1853 en Crimée n'avait pas affecté la ligne de front traditionnelle. L'action américaine en 2022 auprès de l'Ukraine la modifie. La polarisation change de référent. Il ne s'agit plus de décider à quel monde on appartient, mais si l'on participe ou non de la mondialisation. Une nouvelle ligne de front.

Nos oublis et dénis

L'aveuglement

Erreur encore plus fatale, nous avons mésestimé l'Ukraine et la singularité que présente l'Ukraine. Son exception tient à ce qu'il est peu de zones frontières sur les lignes de démarcation majeures du monde qui, comme elle, ont pris la dimension d'un peuple et d'un pays. Ces lignes, fort anciennes, continuent à organiser le désordre planétaire en suivant les topologies religieuses. Elles suscitent des enclaves mixtes qui forment le plus souvent des champs conflictuels de basse intensité que viennent agiter à intervalles réguliers des manœuvres militaires et des épisodes de guerre classique.

Pour l'espace européen, trois d'entre elles sont fondamentales. Les deux les plus excentrées sont aux portes du Vieux Continent. Ce sont le Caucase et le Levant qui participent pour beaucoup aujourd'hui de l'Oumma mais restent pour partie tournés vers l'Europe. Les Églises orientales ainsi que l'Église orthodoxe ont là leur berceau. Pendant le premier millénaire, elles ont façonné ces mondes et elles ont continué d'y être influentes lors du millénaire suivant. Leur présence n'est déclinante que depuis le début du XXe siècle sous l'effet de la décomposition des ensembles impériaux, de la multiplication des entités nationales et de la revivification des fondamentalismes religieux. Pendant des siècles, elles n'ont cessé de représenter un enjeu pour les Églises catholique ou protestante. Elles le demeurent pour les États de culture romaine ou réformée qui ont

La crucifixion de l'Ukraine

cherché ou cherchent encore à les rallier à leur cause, laquelle consiste en une représentation occidentalisante du monde. Elles restent également déterminantes pour la Russie qui, de culture orthodoxe, agit en vue du résultat inverse.

Les deux limes excentrés restent disputés. La barre diagonale qui va de la mer Noire et à la mer Caspienne en passant par le Haut-Karabagh et qui scinde en deux le Caucase sépare aujourd'hui la Géorgie et l'Arménie, ces réduits chrétiens, des Républiques musulmanes de la Fédération de Russie, là où Ankara tente de se créer un improbable couloir vers les peuples turcophones d'Asie centrale. La bande incurvée qui court de la Méditerranée à la Caspienne, qui divise le Levant et trouve à Kirkouk au cœur de l'espace kurde son point nodal, forme depuis toujours un seuil infranchissable pour tous les projets hégémoniques venant d'ailleurs puisqu'au-delà commencent l'Empire perse et le monde chiite. Le troisième de ces limes est l'Ukraine.

Simultanément ou successivement, les contestations entre le monde occidental et le monde oriental se sont produites sur leur double bordure géographique. Sur ces deux cordons pour l'Europe et ces deux versants pour l'Asie que sont l'Est caucasien et l'Est levantin. Mais toujours, ou presque, en corrélation avec l'Est européen. Par ricochet. Au cours du Moyen Âge et aux Temps modernes, les croisades externes en faveur du christianisme ont été le signal de croisades internes au sein des christianismes.

Cette transposition centripète des conflits reste d'ac-

Nos oublis et dénis

tualité. Aussitôt qu'en 1989, une fois passé le gel soviétique, Saddam Hussein rallume l'incendie du Kurdistan, Heydar Aliyev celui du Karabagh, Slobodan Milosevic celui du Kosovo. Gazages, pogroms, rafles marquent, en lever de rideau, le retour des chefs laïcisants du camp socialiste à la méthadone religieuse. Seule l'atonie de la gérontocratie soviétique, qui vient de fêter le millénaire du baptême de la Rus' et va inventer la sporadique Communauté des États indépendants, donne un temps de répit à l'Ukraine.

Au début 1991 éclatent parallèlement la guerre du Golfe, la guerre du Haut-Karabagh, la guerre d'ex-Yougoslavie. Moscou entre en conflit avec Kiev sur la propriété de l'arsenal nucléaire, le statut de la Crimée, la navigation en mer Noire, la neutralité militaire au regard de l'Ouest. La Russie estime que l'indépendance de l'Ukraine ne peut être que provisoire, que le limes finira par revenir graviter autour du centre. C'est pourquoi le conflit n'est que diplomatique. Pour l'instant. Mais en Galicie et au Donbass, les braises mal éteintes de l'ancestral conflit religieux couvent. Il ne manque que le pyromane Poutine pour qu'il s'embrase. En 2014, avec la prise de la Crimée, Moscou rappelle à Kiev la primauté de la force. En 2015, lors de son intervention en Syrie, le maître du Kremlin vole au secours de son allié alaouite et bassiste Bachar el-Assad, dépêche au sol le groupe de mercenaires Wagner créé l'année précédente et teste dans les airs la stratégie de terreur par bombardements urbains qu'il va appliquer intensi-

La crucifixion de l'Ukraine

vement en Ukraine. En 2022, recommence le processus de correction qui tourne à la tentative de liquidation. L'Ukraine, toutefois, n'est ni le Caucase méridional ni le Proche-Orient méditerranéen. Elle peut rivaliser avec eux par sa superficie et par sa population. Contrairement à eux, elle dispose d'une continuité territoriale et d'une cohérence politique, profite d'une meilleure homogénéité ethnique ou linguistique et, bien que confessionnellement divisée, bénéficie de l'assurance symbolique en termes d'identité collective qu'apporte une religion originellement commune et sociologiquement majoritaire : huit Ukrainiens sur dix (sept orthodoxes, plus un gréco-catholique) relèvent de l'héritage du christianisme byzantin. C'est pourquoi cette marche-là, à la différence de tant d'autres, a pu se savoir et se faire nation. Ce que, blasés par les complexités l'Est, nous n'avons pas voulu voir.

Silence sur le crime

La domination de l'Occident se sera longtemps exercée non seulement sur l'histoire du monde mais aussi sur l'écriture de l'histoire mondiale. À rebours, la récupération des histoires nationales aura souvent pris la forme d'une revendication anti-occidentale. Les rayons des bibliothèques au-delà du Rhin ou par-delà la Méditerranée croulent sous de tels essais. Mais la sublimation de ces textes théoriques en batteries mortifères aurait

Nos oublis et dénis

été impossible sans le passage par le communisme. Et plus concrètement soviétique, cette épithète indissociable de l'Est européen au cours du XXe siècle.

La traversée de l'inhumanité érigée a détraqué le mécanisme mémoriel déjà fragile qui prévalait dans la mentalité orientale : l'Est a expérimenté le totalitarisme avec une intensité et sur une durée que l'Ouest n'a pas connues. Il n'y a pas eu, en outre, de procès de Nuremberg du communisme (il aurait fallu examiner nos complicités actives ou passives). Le totalitarisme rouge a passé sans trépasser et ses séquelles persistent. Son effacement a laissé en suspens la question de savoir ce qu'il pourrait y avoir à sauver de son règne : huit décennies pour les pays anciennement soviétiques, quatre pour les ex-pays satellites.

L'expérience totalitaire, qui a eu pour effet de distordre la mémoire, a ainsi pour conséquence de démettre l'histoire. L'ambition marxiste-léniniste de fabriquer l'avenir a produit une pléthore de réécritures falsifiées du passé, contrefaisant chacune de ses strates, les concassant en un unique hier, celui d'avant l'an zéro, les indexant sur un unique lendemain, celui d'après l'apothéose finale, les réduisant à des instruments de combat idéologique. La chute du communisme n'a pas interrompu ce détournement de l'historiographie en polémologie. Elle l'a accéléré.

Après l'épreuve totalitaire, le genre anthologique que l'Orient affectionnait a cédé le pas au digest de citations et de références ramenées à autant d'emblèmes militants et d'étendards militaires. Un compendium portatif, unidimensionnel et anhistorique de mots d'ordre dont le pouvoir de contrainte outrepasse l'intention didactique qui entache d'ordinaire les historiographies officielles. Puisque là encore, survivre est le moteur. L'objectif de Vladimir Poutine consiste à en faire un manuel pratique de lutte. La bivalence de son discours est là : il détache le combat de l'objet immédiat que préconise Marx, la révolution, et la ramène au souci premier qu'édicte Darwin, la conservation.

Par ses travaux sur le Goulag et son insistance à en rassembler les matériaux, autrement dit les preuves, l'association russe Mémorial est ainsi devenue l'ennemie du régime. Si à Kiev, en raison de l'Holodomor et de son rôle édificateur pour la nouvelle conscience nationale, les archives du KGB restent ouvertes aux chercheurs, elles ont été refermées à Moscou après 1995, l'année de l'arrivée de Poutine dans les allées du pouvoir. Mémorial est dissoute le 28 février 2022, quatre jours après le début de l'« opération spéciale » contre l'Ukraine. Entre-temps, la Douma a quotidiennement édicté des lois pour suspendre les derniers médias libres, instaurer une police du langage, interdire la moindre liberté d'expression. Ce n'est pas la guerre qui est proscrite, c'est le mot. Censurer l'actualité ne peut aller sans caviarder l'antériorité. Il faut que le silence recouvre les crimes d'hier afin de laisser libre cours aux crimes d'aujourd'hui. Comme pour le reste, nous avons laissé faire.

La lobotomie civile est bel et bien le premier des conglomérats russes sous Poutine, tout juste suivi par

Nos oublis et dénis

celui du mensonge public. Mais la manufacture des mémoires va-t-en-guerre ni ne veille, ni ne chôme. Les millions de morts de 1941-1945 occasionnés par la lutte contre le nazisme viennent donner une raison d'être sacrificielle aux millions de morts causés en plus grand nombre entre 1917 et 1991 par le communisme. Le 9 mai, date où l'on célèbre la victorieuse « Grande Guerre patriotique », les familles vont en procession, portant avec ostentation la photographie de leurs disparus sur le front. Leurs disparus dans les camps restent cantonnés dans l'oubli. Par cette parade funèbre, les Russes vivants et morts sont censés former un régiment immortel dans la grande transfusion vivifiante entre le sang perdu et le sang retrouvé.

La guerre contre le frère est la meilleure des guerres car la plus refondatrice de l'identité dans son unicité. Il y faut un motif ? Le grand péché de l'Ukraine est de nier son péché, qui est de vouloir exister par elle-même, et en cela il est impardonnable. Dans cette logique du ressentiment et de la revanche, la rémission des fautes et la réparation des torts ne s'équivalent pas. L'intensification de l'amnésie sert alors l'absence de culpabilité. S'il est un air de mystère dans la personnalité de Vladimir Poutine, il faut le chercher là. Dans la carence d'empathie, l'absence de pitié. Le choix conscient de l'inhumanité afin qu'expie l'ennemi intérieur, extérieur, universel.

Là aussi réside la clé de notre sidération devant la destruction de l'Ukraine qu'il a entreprise sur le plus religieux des modes, en convoquant l'enfer sur terre.

La crucifixion de l'Ukraine

Avec, pour ajouter à notre aliénation, que le tyran a su se trouver un pontife pour bénir la saignée d'un pays pourtant peuplé de fidèles censés s'en remettre à sa guidance spirituelle. Tous deux, Vladimir Poutine et Vladimir Goundiaïev, plus connu comme le patriarche Kirill de Moscou et de toutes les Russies, partagent en effet le même culte de l'annihilation.

La gnose de l'Apocalypse

Rien ne saurait exonérer Vladimir Poutine de l'ordalie dans laquelle il a jeté tout un pays et tout un peuple. Ni la riposte du faible au fort, ni la réaction inéluctable à une concentration d'hostilités, encore moins l'exaspération empressée d'agir sous le surpoids des contrariétés, voire le surcroît des humiliations réelles ou supposées. Ou encore, et au choix, un motif stratégique, un intérêt énergétique, une pathologie incurable, un trouble psychique dont les murs du Kremlin garderaient le secret. Rien ne l'y obligeait. Rien ne l'y invitait. Rien de rien.

Beaucoup avait été fait pour encourager le tempérament obsidional de Vladimir Poutine ? Mais qu'est-ce qui avait jamais découragé son instinct offensif ? Il avait essuyé des coups mais il en avait rendu autant et avait marqué des points sur l'échiquier géopolitique dont il était apparu, au bénéfice d'une longévité tout autocratique, l'un des maîtres. Pourquoi dès lors avoir renversé la table de jeu ? brisé les règles ? poussé la confrontation à son paroxysme ? l'avoir rendue fatidique dans l'instant pour l'Ukraine, mais aussi pour la Russie, puis à

La crucifixion de l'Ukraine

la manière d'un château de cartes qui s'écroule, pour le reste du monde et à terme fatale pour son régime et sa personne ?

Quelques jours à peine après le début du conflit, il était patent que Vladimir Poutine avait d'ores et déjà échoué, que chacun des objectifs qu'il s'était donné aboutirait à un résultat opposé à celui qu'il recherchait et que ce fiasco géopolitique préludait à une faillite morale noyée sous les crimes de guerre et contre l'humanité. Quelle forme d'aveuglement avait pu donc abuser l'ex-guébiste, l'avait conduit à une sorte d'enragement terminal qui lui faisait agiter l'éventualité du feu nucléaire ? Jusqu'à quel point sans retour pourrait nous mener sa dérive ? De quoi demain serait-il fait et y aurait-il, d'ailleurs, un lendemain ?

Nos interrogations n'ont rencontré que l'écho renvoyé par le vide. Nous sommes restés avec la leçon moderne qu'il suffit de laisser grandir le tyran pour que, sur sa simple décision, le pire devienne certain. Autre modification contemporaine et consécutive au totalitarisme, si le Prince était en droit hier de décider dans l'urgence, il s'est arrogé aujourd'hui le pouvoir de décider de l'urgence.

Mais quelle peut être cette urgence chez Vladimir Poutine ? Sinon celle de l'apocalypse qui hante l'esprit russe depuis ses origines ainsi que son propre cerveau reptilien abrasé par l'impensable disparition de l'Union soviétique ? Pour comprendre cette course à la néantisation, il reste à scruter comment, chez ce maître en poisons, ont agi les idéologies toxiques dont Moscou

La gnose de l'Apocalypse

est devenu, à partir du XIXe siècle, un laboratoire afin d'assurer l'irréductible exceptionnalité de la troisième Rome. Ce qui n'est pas allé sans altérer l'univers religieux orthodoxe. Mais aussi la destinée de la planète. Et, par là, la nôtre ainsi que nous ne pouvons plus l'ignorer.

Slavophile ou occidentaliste ?

Peu avant que Rome et Constantinople ne s'opposent une fois de plus par épîtres interposées, Moscou s'interroge sur sa destinée. « Les mille ans de l'histoire russe ne sont qu'une page d'histoire blanche sans rien de mémorable », a osé écrire Piotr Tchaadaïev en 1836. Vite réduit au silence par les autorités tsaristes, déclaré fou, l'écrivain n'a pas moins initié la polémique entre les occidentalistes et les slavophiles. Les premiers, tels Alexandre Herzen ou Vissarion Bielinski, prôneront l'adoption radicale de l'Europe en tant que modèle supérieur de civilisation. Les seconds, tels Alexis Khomiakov et Ivan Kireïevski, défendront le génie singulier de la Russie comme indispensable à l'avenir du monde. Leur dispute dominera le XIXe siècle, préludant à celles que provoqueront l'ère Meiji au Japon, la période des Tanzimat dans l'Empire ottoman ou le mouvement du Majles en Perse : que valent les cultures traditionnelles face à l'impératif de modernisation politique, sociale et technique qu'entraîne l'essor triomphant de l'Occident ?

La crucifixion de l'Ukraine

C'est à Moscou toutefois que ce débat prend un tour anthropologique et géopolitique qui fait, aujourd'hui encore, toute son actualité. Y compris dans sa part terrible. La question est inhérente à la quête identitaire de la Russie. Il y va de sa dualité intrinsèque et intime. C'est une affaire de nature, au sens d'un aléa génétique : la confrontation avec l'extérieur aboutit pour elle, et chez elle, à un conflit intérieur. Celui d'un doute existentiel. Peuple ? Nation ? Empire ? Byzance ? L'Europe ? L'Asie ?

Pour les occidentalistes, l'urgence est de s'affranchir du passé russe, frappé d'obscurantisme : il représente un obstacle à l'intégration de la Russie dans le devenir général de l'humanité, où l'individu, précisément, sera libre de son destin contre toute forme de détermination. Pour les slavophiles, l'homme étant d'abord un être historique dont l'accès à l'universalité a pour médium le fonds cultuel et culturel qui le définit, les Russes doivent au contraire approfondir leur russité afin d'aider l'Europe à surmonter l'impasse d'un rationalisme desséchant. Le statut accordé à la religion distribue les camps : fait de superstition folklorique pour les occidentalistes qui y voient une aliénation dont libère la sécularisation, elle est signe non seulement du besoin de transcendance mais encore de vitalité civile pour les slavophiles, qui la conçoivent comme un levier de résistance. La traduction sur le terrain politique suit sans surprise : là où les occidentalistes se revendiquent progressistes quitte à faire le lit du communisme, les

La gnose de l'Apocalypse

slavophiles se veulent conservateurs au risque de favoriser le nationalisme.

Cette opposition ne doit pas cependant obérer le fait que deux patriotismes s'affrontent ici dans un même sentiment de faiblesse humiliée face à la suprématie de l'Occident. Seul leur constat est divergent quant à la valeur de l'occidentalisation : positive et à parachever pour les uns, elle est négative et à inverser pour les autres. Ce qui n'empêche pas un recours parallèle au messianisme. Il peut prendre un visage panrusse, panslave, pan-socialiste. L'important est que Moscou reste le centre du monde (sinon la troisième Rome ne sait plus où se situer).

Pour Herzen, le tournant révolutionnaire de 1789 ordonne le sens de l'histoire, mais il revient à la Russie de le compléter. Après avoir rallié Proudhon et l'anarchisme et avant d'influencer Bakounine et l'Internationale, il souligne que l'Europe se trompe en faisant de l'émancipation des serfs une question de liberté individuelle, alors qu'il s'agit de créer une commune mondiale dont l'instauration passe par la Russie. Khomiakov, de son côté, ne se définit pas moins au regard de la civilisation européenne, dont il propose toutefois une contre-histoire en majorant ses marges, des auteurs inclassables tels que Maître Eckhart, Blaise Pascal ou Joseph de Maistre aux mouvements réfractaires tels que Port-Royal. Contestant à travers eux la transformation de l'expérience concrète, intuitive et symbolique de la vérité en un système juridique, moralisateur et logique qui a dénaturé le christianisme et déifié le corps social

La crucifixion de l'Ukraine

(pour reprendre son langage), il n'en exemplifie pas moins la fraternité villageoise russe en prototype de la future société universelle.

Pris entre progressisme et conservatisme extrêmes, agitant des schématismes propices aux dérives et aux récupérations, les occidentalistes et les slavophiles n'ont jamais réussi à pleinement incarner la conscience collective russe et n'ont cessé de susciter des contre-feux sous le tsarisme comme sous le communisme. Vladimir Poutine a placé les premiers dans les colonies pénitentiaires et les seconds dans les antichambres académiques. Mais cela aurait pu être l'inverse tant la connaissance et l'usage qu'il a de leurs essais demeure instrumentale.

Pour son malheur posthume, Alexis Khomiakov a tâché de conceptualiser la *sobornost*, terme censé traduire en russe le mot « catholique » mais qui renvoie aussi bien dans sa démarche à la conciliarité qui est de mise dans l'Église qu'à la communauté de destin qu'il assigne à la slavité. Apôtre d'un sursaut spirituel, il oppose la communion, qui serait innée à l'Est, à l'individualisme qui régnerait à l'Ouest. Les Bolcheviks en feront leur miel pour démontrer la prédestination des peuples slaves au communisme, de même que Vladimir Poutine et Vladimir Goundiaïev (le patriarche Kirill) s'en serviront pour prouver la collectivité insécable et messianique que doivent former la Russie, la Biélorussie et l'Ukraine.

Or les occidentalistes et les slavophiles avaient pensé l'Ukraine comme une pointe avancée de leurs rêves respectifs. Un tremplin ou une rambarde, selon. Tandis que les Ukrainiens, déjà, rêvaient à leur indépendance

La gnose de l'Apocalypse

politique, dont ni les uns ni les autres de ces idéologues n'auraient fait un *casus belli*. C'est elle toutefois que ne peut souffrir l'actuel maître du Kremlin. Pour lui, Kiev n'a pas d'existence propre. Considération qui n'est ni occidentaliste ni slavophile.

Eurasien, alors ?

Dans la même vague et la même veine, une variante va tâcher de répondre autrement à l'angoisse survivaliste de type binaire qui étreint la Russie et qui éclaire son autoritarisme à l'intérieur, son unilatéralisme à l'extérieur. C'est l'eurasisme. Ce mouvement aussi s'inspire d'un constat de Tchaadaïev : « Nous n'appartenons à aucune des grandes familles du genre humain ; nous ne sommes ni d'Occident ni d'Orient [...] nous appuyant d'un coude sur la Chine et de l'autre sur l'Allemagne alors que nous devrions réunir en nous les deux. »

L'espace intermédiaire qu'occupe la Russie la désigne comme la médiatrice des mondes mais fait aussi sa gigantesque et solitaire exception. Faut-il le clore en deçà de l'Oural (Herzen) ? l'ouvrir au-delà de l'Oural (Khomiakov) ? La théorie eurasienne échappe à la querelle ordinaire des deux pôles, l'Ouest, l'Est, par le messianisme hors frontières qu'elle projette. La Russie, affirme-t-elle, est un continent tiers pris entre le marteau de la décadence (l'Europe) et l'enclume de la déficience (l'Asie). Elle s'est trahie en s'éloignant de ses origines

La crucifixion de l'Ukraine

slavo-tatares pour dériver vers un modèle occidentalisé qui étouffe sa vocation réelle.

Chez les penseurs les plus aiguisés de cette école, et il en est quelques-uns, dont le politiste Constantin Leontiev, l'ethnologue Nicolas Danilevski, le linguiste Nicolas Troubetskoï, l'historien Lev Goumiliov, le mal russe provient de l'éloignement de ses racines religieuses et politiques. Byzance ? Non, le pan-en-théisme primordial. La Moscovie ? Non, l'organicité sociale primitive. Ce n'est d'ailleurs pas avec le catholicisme et le protestantisme mais avec l'islam ou le bouddhisme que cette russité-là est censée entretenir les plus fortes similitudes spirituelles. Si l'Eurasie englobe l'Ukraine, c'est là encore parce que, sans l'Ukraine, la Russie n'est pas un empire assuré d'être l'absolu entre-deux.

Au XXe siècle, l'idéologie eurasienne n'a pas manqué de fasciner les tsaro-fascistes et les nationaux-bolcheviks. Dans sa version la plus radicale, brune puis rouge, rouge puis brune, elle s'est accommodée du régime soviétique, y voyant tantôt un pis-aller, tantôt un moindre mal, voire un bien. Dans ces franges-là, qui partagent l'apologie de la violence supposément créatrice et la sacralisent, elle s'est constituée en doctrine géopolitique. Et belliciste. Celle qu'illustre aujourd'hui un Alexandre Douguine qui, débitant la planète en plates-formes continentales antithétiques, oppose la terre mondiale russo-chinoise à l'île mondiale américaine. Soit l'autocratie planificatrice au chaos libéral. Rien de bien neuf, à l'exception du rapprochement avec la Chine qui relève plus du reliquat internationaliste que de

La gnose de l'Apocalypse

retrouvailles civilisationnelles. On dit Douguine moins écouté au Kremlin qu'il ne l'a été. Le fut-il vraiment ? Ce qui cimente Moscou et Pékin, c'est la désignation de l'ennemi, l'Occident. Nul besoin des vaticinations d'un pseudo-oracle pour en décider. Elle est instinctive.

Mais il ne suffit pas non plus, comme l'ont fait Vladimir Poutine et Xi Jinping le 4 février 2022, peu avant l'invasion de l'Ukraine, de figer un front commun pour fomenter une contre-alliance. Hormis des condamnations réitérées de l'hégémonie occidentale, leur déclaration ne contient aucune délibération positive quant à leur coopération supposée. Il serait d'ailleurs difficile d'en qualifier le substrat : par-delà le déséquilibre démographique qu'accusent les deux puissances et qui a pour champ de bataille la Sibérie, la religiosité russe et l'irreligiosité chinoise sont hermétiques l'une à l'autre. Bouddhisme, christianisme ou islam, Pékin a systématiquement sinisé les cultes venus de l'étranger en les dissolvant dans son tréfonds matérialiste : l'impérialisme chinois est commercial, il suppose la réduction des tensions du monde par l'harmonisation des échanges en accord avec la définition de la paix qui est propre à l'empire du Milieu et qui tient dans la croissance de ses jouissances. Rien de plus étranger à la dramaturgie métaphysique du bien, du mal et de la douloureuse rédemption de la Russie qui hante Moscou.

L'eurasisme dépeint un monde extérieur tourneboulé pour mieux mobiliser un monde intérieur bouleversé. Il a pour fonction, d'où sa fortune, de substituer aux vieux poisons endogènes un narcotique exotique. Le sla-

La crucifixion de l'Ukraine

vophilisme ? Un isolationnisme malthusien condamnant la Russie à péricliter à l'instar de l'Europe. L'occidentalisme ? Un atlantisme défaitiste subordonnant la Russie, comme l'Europe, aux États-Unis. Dénier les droits de l'homme, détourner le droit international comme le fait l'Asie permet de rejeter l'assujettissement à une communauté internationale qui ne serait jamais que le masque de l'Occident éternel ayant réarmé, sous un humanitarisme hypocrite, son ancestrale inimitié. Quitte à ce que la Russie se détourne de son héritage chrétien ? En quoi cela embarrasserait-il Vladimir Poutine qui, en agressant Kiev, a entrepris de détruire une nation orthodoxe ?

Le catéchisme nihiliste

Dans *Apocalypse pour notre temps*, l'écrivain Vassili Rozanov renvoie dos à dos les slavophiles qui, en Asie, ont déréglé les tribus caucasiennes et les occidentalistes qui, en Europe, ont débauché les salons littéraires. Avant de conclure que les Russes sont un peuple ni de l'Est ni de l'Ouest, « simplement une absurdité, mais une absurdité artistique ». Or si Rozanov est contemporain du triomphe de Diaghilev et de ses ballets à Paris, Londres et Vienne, il est aussi le témoin de la folie sanglante qui ravage alors Moscou, Minsk et Kiev sous la convergence de forces antagoniques, la Terreur et la Police, dont la lutte sans merci va conduire au basculement de 1917.

La gnose de l'Apocalypse

Dans la seconde moitié du XIXᵉ siècle, à la suite de sa montée hors des limbes, la Russie connaît une descente dans la géhenne. Sous le choc d'une modernisation trop rapide, le monde traditionnel se dissout. Le philosophe et juriste Constantin Pobiedonostsev se veut le défenseur des prérogatives de l'État. Devenu le ministre des Cultes, à la tête du Saint-Synode, et le pédagogue des tsars, dans l'intimité de leurs palais d'hiver ou d'été, il répond à la crise par le triptyque Autocratie-Empire-Orthodoxie (non sans s'autoriser au passage à excommunier Léon Tolstoï). La jeunesse désœuvrée, déclassée et déportée qui envahit les faubourgs éventrés de cités devenues tentaculaires forme l'intelligentsia, mot russe par excellence. Elle réplique en se tournant vers l'exemple des terroristes français et jacobins : la mort de l'ennemi est la vie du révolutionnaire. Vient le temps du nihilisme, autre terme qui doit beaucoup à la Russie.

Le partage entre les deux Europe est là encore net. Entre 1850 et 1917, l'Ouest connaît une quarantaine d'éliminations de personnalités qui sont autant d'actes de propagande extrême contre les incarnations du pouvoir. L'Est qu'a recouvert le tsarisme va enregistrer sur la même période 23 000 attentats spontanés et aveugles se soldant par la mort de plusieurs dizaines de milliers de quidams. Le programme figure dans le *Catéchisme nihiliste* de Serge Netchaïev paru en 1869 et dont Dostoïevski a tout prédit en publiant la même année *Les Démons*, le testament de Dieu dont Nietzsche va annoncer la mort et qui se traduira par la divinisa-

La crucifixion de l'Ukraine

tion du meurtre. Les nihilistes ont tout inventé avant les djihadistes, jusqu'à l'attentat-suicide de ces mères qu'ils qualifient de « saintes nonnes » et qui pénètrent souriantes dans les commissariats, leur enfant au bras, cinq kilos de nitroglycérine scotchés sur le ventre. Tout est déjà là, les citations tronquées des Écritures, les rites de purification avant l'attaque, les dernières lettres invoquant le paradis et l'alliance avec la voyoucratie.

C'est le même diktat mortifère qui prévaut, le même mythe de l'immortalité sacrificielle, qui vient consacrer le culte de l'anéantissement suprême. Mais vite, toujours plus vite, tant la réalisation eschatologique n'attend pas : « Je veux impatiemment la destruction du monde. Plus ou moins pour demain, au cours de la matinée. Précisément à 10 h 25 », confesse Chigalev, candidat à l'apocalypse dans *Les Démons*.

La crise du transvasement de la culture byzantine dans la culture occidentale se poursuit, mais les poètes relaient désormais les mystiques d'hier, non-possesseurs ou vieux-croyants. Débordant de réminiscences orthodoxes, la littérature de l'âge d'argent, Boris Pasternak, Mikhaïl Boulgakov, Anna Akhmatova, Marina Tsvetaïeva et les autres, va exalter la Croix et chercher à célébrer la Résurrection. Mais l'antidote ne prend pas. La Russie crépusculaire a enfanté une sorte d'enfant monstrueusement démiurgique qui joue la mort contre la vie. Et gagne à perdre. La mort n'est plus simplement un quitte ou double. Elle envahit et empoisonne la terre, l'eau, l'air. Elle règne, est le dieu ordinaire. Et bafoue jusqu'au martyre. Le profane.

La gnose de l'Apocalypse

Le (mauvais) génie de Lénine, méditant la pendaison de son frère aîné l'anarchiste Alexandre Ilitch Oulianov mêlé à un attentat raté contre le tsar Alexandre III, est de comprendre qu'il y a une autre voie, celle de la terreur d'État, de la dictature du terrorisme. Il le confirme en novembre 1917 : « Nous n'avons jamais rejeté la terreur comme principe. » Trotski en décembre 1917 : « Il n'y a rien d'immoral à cela. Un mois ne se sera pas écoulé avant que la terreur ne devienne plus totale. » Dzerjinski en janvier 1918 : « La terreur est une nécessité ; et tant pis si son glaive s'abat sur des têtes innocentes. » Krylenko en juin 1918 : « N'exécutons pas que des coupables ; la mort des innocents impressionnera encore plus les masses. »

Les mêmes masses sur lesquelles Staline demandera, quelques années plus tard, qu'on prélève des contingents de victimes par quotas de sexe, d'âge, de localité, de profession à la décimale près décidée par la planification. Sauf en Ukraine et les terres qui l'avoisinent : l'Holodomor, la grande famine sciemment organisée d'en haut, n'aura pas de ratio. Qu'ils meurent tous. Qu'ils n'en reste plus un seul.

De l'holocauste au concordat

Quand l'Holodomor est décrété à l'orée des années 1930, cela fait plus d'une décennie que l'Église subit un processus similaire d'extermination. Elle a pourtant mené sa propre révolution. Mais c'est son extinction que veulent les Bolcheviks. Ils vont quasiment y réussir avant de devoir renouer le pacte ancien afin de refonder leur propre expansion impériale.

En Russie, depuis Pierre le Grand, l'Église se sait explicitement inféodée à l'État. Tandis que l'épiscopat continue de dénoncer à intervalles réguliers cette mainmise politique, le monachisme renouvelle son alliance avec le peuple et entretient un esprit de résistance spirituelle. Cette résilience est amplifiée, au cours du XIXe siècle, par une notable renaissance théologique qui, articulée à la recherche scientifique, prône une lecture créatrice de la tradition byzantine. Ce mouvement a pour aboutissement en 1917, en pleine tourmente révolutionnaire, le concile de Moscou qui préfigure, par son réformisme, le concile de Vatican II à l'orée des années 1960. Son premier acte est de restaurer le patriarcat. Lequel fait profession d'apolitisme tout en conduisant une action pacificatrice et caritative adressée à tous les camps en présence tout au long de la guerre civile.

Son renouveau même expose l'orthodoxie russe à la persécution du pouvoir bolchevik dont le programme est, de toutes les façons, l'éradication du fait religieux. Dès sa prise de pouvoir, Lénine le met en œuvre. L'holocauste est déclenché à Kiev, lieu de tous les commencements, le 7 février 1918 : avant de prendre la Rada, le Parlement indépendantiste qui vient d'être rétabli, les soldats de l'Armée rouge s'emparent de la laure des Grottes et se saisissent du métropolite Vladimir, figure éminente qui a occupé auparavant les sièges de

La gnose de l'Apocalypse

Moscou et de Saint-Pétersbourg. Après l'avoir fusillé, ils découpent son cadavre à la hache et le clouent sur la porte de la basilique Sainte-Sophie.

C'est le signal. Dans l'ancien empire, de la laure pétersbourgeoise d'Alexandre-Nevski à la laure moscovite de la Trinité à Moscou et ailleurs, là où il y a une croix, c'est-à-dire partout, on rase les églises, profane les sanctuaires, jette les reliques aux chiens et tue les clercs : tandis qu'on oblige les enfants des prêtres mariés à dénoncer publiquement leurs parents, on force les théologiens laïcs à ingurgiter du plomb fondu pour qu'ils se taisent à jamais. Le 7 janvier 1925, Tikhon, le patriarche du renouveau, qui vit prisonnier depuis sa déposition en 1923 par un schisme qu'a fomenté la Guépéou, meurt empoisonné. L'Église est derechef décapitée.

Entre 1918 et 1941, sous le premier communisme soviétique et son plan d'implantation à marche forcée de l'athéisme, ce sont 600 évêques, 40 000 prêtres, 120 000 moines et moniales qui disparaissent dans les camps, et 75 000 lieux de culte qui sont détruits. En deux décennies, l'Église orthodoxe russe donne plus de martyrs que toutes les Églises chrétiennes réunies au cours de deux millénaires.

En 1941, l'orthodoxie semble défunte au pays des Soviets mais l'invasion allemande fait que Staline, la sortant de l'enfer où il l'a plongée, s'engage à un ersatz de restauration en échange du soutien des quelques hiérarques restants à ce que lui-même nomme la « Grande Guerre patriotique ». En 1943, l'institution est restaurée et le métropolite Serge (Stagorodski), pour qui l'Église russe et l'État soviétique doivent partager « les mêmes bonheurs et les mêmes malheurs » (*sic*), est intronisé patriarche. Après 1945, l'ancien séminariste qu'est Staline va tenir parole. Mais *a minima* et en réduisant l'institution patriarcale à un instrument d'influence au sein des pays « frères » de l'Est conquis par l'Armée rouge. Entre autres en lui confiant la répression des uniates, suspects d'être des agents de l'Ouest. De persécutée, l'Église va se faire instrument de persécution. Sans pour autant cesser de connaître le martyre. Une situation elle aussi toxique.

Manipuler les nationalités

Le syndrome totalitaire est russe par excellence, parce que la Russie a été au début et à la fin de la trajectoire du communisme son centre et son vecteur. Elle a servi de modèle à la mutation dont les autres pays de l'Est ont subi la duplication, suscitant autant de variants nationaux qu'il y avait de nations emportées par le rouleau rouge. Seules l'Ukraine et la Biélorussie ont été soumises au même traitement. Non pas parce que les Bolcheviks reconduisaient inconsciemment l'Empire tsariste à travers l'Empire soviétique. Mais parce que le sort de leur putsch dépendait de la domination de ces deux nations également héritières de la slavité orthodoxe et attestant une représentation religieuse qu'ils devaient

La gnose de l'Apocalypse

détruire pour que triomphe la leur. Le Moscou tsariste voulait agréger Kiev et Minsk. Le Moscou soviétique, les désintégrer.

L'affaire relève de la dogmatique soviétique. C'est celle des nationalités. Après 1917, l'internationalisme communiste réalise qu'il doit capter les réveils nationaux pour persévérer. L'erreur de Trotski sera de ne pas comprendre l'extrême utilité et l'incidence exponentielle de ce meccano. Sous couvert de la liberté, Lénine exalte les nationalités pour assurer la victoire du Parti. Au prétexte de la pérennité, Staline réprime les nationalités pour assurer la prééminence du Parti. C'est le même mouvement, en deux temps. Vladimir Ilitch embrigade, Iossif Vissarionovitch élimine. L'étau se dilate géographiquement, se resserre idéologiquement.

Le pacte germano-soviétique de 1939 permet de brusquer le pas. Complices, liés par les protocoles secrets qu'ils ont avidement signés, Hitler gagne du temps, Staline de l'espace. En Finlande, l'isthme de Carélie pour désenclaver Léningrad. En Roumanie, la Bessarabie et future Moldavie pour contrôler la jonction entre le Danube et la mer Noire. Les Pays baltes pour dominer l'entière ligne portuaire sur la Baltique. Et la Pologne orientale pour recollecter les Ukrainiens et les Biélorusses qui majoritairement l'habitent. Là encore, dans l'esprit du Père des peuples que l'iconographie soviétique montre ascendant au Ciel, il s'agit de reprendre les positions abandonnées par le pouvoir bolchevik et qu'il a troquées par le traité de Brest-Litovsk pour conforter

La crucifixion de l'Ukraine

son pré carré russe afin de pouvoir repartir à l'assaut du monde.

Le tort de l'éternel petit frère ukrainien, hier orthodoxe, désormais communiste, est de s'être voulu indépendant entre 1918 et 1922 par diverses voies, dont l'insurrection libertaire de l'anarchiste Makhno que le Commissariat soviétique délégué à la cause des peuples juge révisionniste et combat dans une alliance objective avec les Armées blanches. Pour rallier l'Ukraine et la fondre dans l'Union des Républiques socialistes, Lénine promet un programme d'indigénisation, autrement dit un culturalisme à tonalité nationale. Il revient à Staline de l'écraser car l'Ukraine ne vaut, selon ses propres termes, qu'en tant que forteresse avancée et doit être privée, afin de remplir sa fonction, de toute croissance autonome. Pour s'en assurer, il la leste de la région russophone de Kharkiv, la contrepèse par la Biélorussie et l'affame avec l'Holodomor. Stériliser les sols fertiles de cette culture agraire en captant les moissons et en empêchant les semailles, telle est l'équation de ce populicide : l'extinction de la vie par la privation de la nature.

L'espoir de retournement que les Ukrainiens de l'Ouest placent aveuglément dans l'invasion nazie après 1941 consolide, après 1945, la propagande selon laquelle le petit frère est potentiellement un faux frère. L'accusation de dérive nationaliste devient un instrument constant de coercition. Les vagues de répression se suivent de décennie en décennie et, dans les camps, se croisent les membres des élites institutionnelles et

La gnose de l'Apocalypse

dissidentes. La déstalinisation que promeut Nikita Khrouchtchev n'affecte pas la succession des purges, l'artisan du dégel ayant l'Ukraine pour face sombre de sa biographie.

Né à Kalinovka, village frontalier à deux pas de Soumy, forgeron dans le Donbass, époux de la très ruthénienne Nina Koukhartchouk, protégé de Lazare Kaganovitch, la « locomotive ukrainienne » du Politburo, ce sous-orchestrateur des Grandes Purges des années 1930 est nommé patron du Parti à Kiev en 1937 et y multiplie les arrestations, déportations et exécutions avant de se charger personnellement, en 1939, de la rééducation politique des Ukrainiens arrachés à la Pologne. Laudateur du pseudo-génie militaire de Staline, il se laisse piéger par les manœuvres d'Hitler et livre à l'envahisseur nazi des centaines de milliers de soldats lors du siège de Kiev en 1941 puis de la contre-offensive de Kharkiv en 1942. Chargé de reconstruire l'Ukraine en 1945, chassant les traîtres tout en planifiant la transformation des paysans en prolétaires, il la quitte en 1949 pour monter à Moscou et en grade.

Devenu le Premier secrétaire du Comité central le 14 septembre 1953, six longs mois après la mort du Père des peuples, Nikita Khrouchtchev créée la surprise moins de six mois plus tard, le 19 février 1954, lorsqu'il détache la province de Crimée de la République socialiste de Russie et la rattache à la République socialiste d'Ukraine. Inutile de chercher un soupçon d'hommage, de sensiblerie ou d'ébriété, comme le voudrait la légende, dans cette décision. Le nouveau maître de

La crucifixion de l'Ukraine

l'URSS entend fêter par ce geste le 300ᵉ anniversaire de la « réunification » de Kiev à Moscou. La célébration a pour but de gommer que l'accord de 1654 a été compris diversement : le trône des Romanov a paraphé un traité d'allégeance, alors que la fédération des Cosaques a pensé signer un pacte d'alliance. Le don munificent de la péninsule, porté à retard sur la liste de ce mariage arrangé puis forcé, vient rappeler que les promesses des noces n'incluent pas la séparation. Les successeurs de Khrouchtchev ne changeront pas un iota à ce va-et-vient entre la sanction et la gratification. Ni son adversaire Brejnev ni son émule Gorbatchev.

La trahison du haut clergé

Le stalinisme a puisé ses rituels dans l'orthodoxie afin de la profaner par deux fois, en détournant ses sacrements après avoir détruit ses sanctuaires. Inlassablement, il l'a imitée, copiant son évangile, ses saints, ses hérétiques, ses missionnaires, ses icônes, ses liturgies. Et jusqu'à sa vénération des corps glorieux à travers le cadavre embaumé de Lénine. À quoi sert-il de maintenir un ersatz de patriarcat ? Rompant avec l'accalmie, afin de contrebalancer le rapprochement contesté qu'il a initié avec l'Occident, Khrouchtchev lance dans les années 1960 une seconde vague de persécutions massive. L'Église de Russie aura ainsi expérimenté entre 1917 et 1991 ce qu'aucune autre Église de l'Est n'aura vécu

La gnose de l'Apocalypse

entre 1945 et 1989, à savoir un effacement constant sur trois générations ne laissant subsister qu'un trou noir – l'assassinat par le KGB du juif converti qu'était le père Alexandre Men, maquillé en crime antisémite, ne viendra clore ce cycle qu'à l'automne 1990.

Le martyrologe s'agrandit de la commémoration de justes authentiques. Mais, entre-temps, dans les années 1970, le hiérarque métropolitain et guébiste qu'est Nicodème (Rotov) de Léningrad a esquissé un deuxième concordat. Il a proposé un pacte renouvelé à l'État soviétique : le département ecclésiastique des relations extérieures, en fait interreligieuses, qu'il préside se fait le propagateur du socialisme, du pacifisme et de l'anti-américanisme à l'Ouest, tandis que les institutions de l'Église russe bénéficient d'une certaine relaxation dans leurs affaires internes à l'Est. Devenu l'homme fort du patriarcat, Nicodème va se rapprocher de Rome dont il retirera surtout le modèle d'organisation hiérarchique et de rayonnement diplomatique fondé sur la puissance de la Curie. Et du Conseil œcuménique des Églises à Genève, d'orientation protestante, qui est alors un centre actif du tiers-mondisme.

C'est cette vision qu'il imprime à ses disciples qu'il impose aux postes clés et qu'ils continueront après lui. Nicodème décède subitement, le 5 septembre 1978, dans les bras de Jean-Paul Ier lors d'une entrevue au Vatican qui se tient peu avant la mort également brutale du pape aux trente-trois jours de brévissime pontificat. Juvénal (Poyarkov) vicaire de Moscou, Philarète (Vakhromeïev) exarque à Minsk, Vladimir (Sabodan) métropolite de

La crucifixion de l'Ukraine

Kiev et surtout Kirill (Goundiaïev), alors évêque de Vyborg, à la frontière du monde finno-scandinave d'où a surgi jadis la Russie, vont reconduire sa duperie. Lorsqu'en 1988 Mikhaïl Gorbatchev s'adresse au patriarcat de Moscou, anémié après avoir traversé soixante-dix ans d'épreuves sous la coupe des organes policiers, et lui demande de célébrer le « baptême de la Russie » advenu mille ans plus tôt à Kiev, il prend acte d'une inconcevable survivance. Celle que les descendants de Nicodème, qui ont pris toutes les manettes du pouvoir au sein de l'Église, vont brader en trahissant le testament spirituel des martyrs. L'ultime mainmise sur l'Ukraine et la Biélorussie, ce sera eux, plus que jamais indispensables au pouvoir moscovite.

Telles les piles atomiques de Tchernobyl, la grande centrale nucléaire d'Ukraine vouée à la production de plutonium militaire, les mémoires se chargent d'explosions impondérables. L'Union soviétique a commencé à décrocher dans la nuit du 26 avril 1986, lorsque le nuage radioactif montant du réacteur n° 4 l'a condamnée à quémander l'aide de l'Occident. La déroute a été si flagrante que le titanesque empire à la puissance et à la menace inégalées va se désagréger sans qu'un combat soit livré. Après 1991 et la dislocation de l'éphémère CEI, le survivalisme impérial russe et le revivalisme national ukrainien se font face. La peur de l'agonie d'un côté et la crainte de l'asphyxie de l'autre se confrontent. La guerre est latente. Parce que les poisons idéologiques qui ont été sécrétés au long cours continuent d'intoxiquer l'atmosphère. Parce que le totalitarisme perdure dans

La gnose de l'Apocalypse

les consciences. Parce que Moscou est seul, à travers le monde, à ne pouvoir concevoir Kiev indépendante. Encore l'exception russe. Mais qui a contre elle que les conditions sont réunies pour que, cette fois, s'exprime l'exception ukrainienne. Laquelle se manifeste immédiatement par la volonté d'une Église elle aussi indépendante. Ce que le patriarcat de Moscou ne peut envisager.

À la sortie du communisme, l'institution ecclésiastique doit tout reconstruire au sein d'un univers en ruines qui subit de surcroît, sans y être en rien préparé, les prémices de la globalisation. Elle craint les dérives sectaires à l'intérieur et les assauts prosélytes à l'extérieur. Ses peurs ne sont pas sans fondement : les mouvements évangéliques, principalement américains, considèrent l'ancien bloc communiste comme un eldorado sur lequel ils déferlent bible à la main, tandis qu'au Vatican l'appareil diplomatique du Saint-Siège est tenté de repartir à la conquête de la Russie.

L'élection sur le siège de Pierre d'un pape polonais, éduqué de surcroît dans la foi par une grand-mère uniate originaire de Lviv, n'arrange rien : Jean-Paul II va coup sur coup ériger l'évêché latin de Moscou en patriarcat (avant de l'abroger), envisager d'accorder le même titre à l'Église gréco-catholique d'Ukraine (avant d'y renoncer), annoncer sa visite pastorale à Kiev (avant d'effectivement s'y rendre en 2001) et rééditer la consécration de la Russie au Cœur Immaculé de Marie (selon la prophétie de Fatima, en 1917, promettant la « conversion du schisme slave », alors que cette dévotion typique de

La crucifixion de l'Ukraine

l'Europe latine du XIXᵉ siècle est inconnue dans ledit « schisme »).

La Fédération de Russie restera le seul pays interdit au pontife globe-trotter et la simple retransmission satellitaire d'une messe papale se verra qualifiée d'« invasion » par le nouveau patriarche Alexis II (Ridiger). La bataille que la troisième Rome livre contre la première Rome va rester cependant secondaire au regard de la guerre qu'elle déclenchera à l'encontre de la deuxième Rome, afin de ravir sa primauté au patriarcat œcuménique de Constantinople et de s'imposer comme le centre de l'orthodoxie mondiale. Mais au prix d'un pacte luciférien avec le Kremlin et son nouveau maître, Vladimir Poutine. L'épreuve totalitaire n'aura pas purifié l'Église russe de ses tentations originelles. Elle l'aura au contraire conduite à y succomber.

À l'Est, du nouveau

Après 1989, à Constantinople, la convocation d'un concile général, empêchée *de facto* de la fin de l'Empire byzantin à la chute du communisme, apparaît prématurée. Sa tenue risquerait de favoriser la réaction antimoderne que manifestent les Églises à peine sorties du communisme. Toutefois, dès 1992, le patriarche Bartholomée, actant le pouvoir d'initiative du siège œcuménique, réunit au Phanar, son siège à Istanbul, une Synaxe des primats. Les sujets brûlants ne manquent

La gnose de l'Apocalypse

pas. Au Levant, c'est la percée de l'islamisme. Dans les Balkans, ce sont les conflits qui dévorent l'ex-Yougoslavie. En Ukraine, c'est le désordre galopant : à l'ouest, l'Église gréco-catholique a récupéré par la force les 2 500 paroisses confisquées sous Staline ; dans la capitale, le métropolite Philarète (Denysenko), jusque-là à la tête de l'orthodoxie locale sous l'autorité de Moscou, personnage douteux et surtout candidat malheureux à l'élection de 1990 face à Alexis II, a créé un schisme en érigeant un improbable « patriarcat de Kiev », lequel est venu s'ajouter à deux groupes dissidents et longtemps clandestins, l'Église orthodoxe autocéphale ukrainienne apparue en 1919 lors de la première indépendance et l'Église des catacombes issue de la précédente en 1942.

Bartholomée veut temporiser. Le lien de Moscou à l'Ukraine est pacifié depuis qu'Alexis a accepté d'y créer une Église autonome (à l'existence subordonnée au patriarcat par son primat qui en dépend mais à l'organisation interne libre et au caractère local renchéri). Un début. Pour autant, la prétention russe à continuer de régenter l'Est va précipiter une première crise. Elle a lieu autour des pays baltes mais cristallise l'émancipation des Églises que Constantinople promeut depuis 1917.

Sur la ligne de fracture qui scinde le Vieux Continent, au long de la décennie 1920, le patriarcat œcuménique a accordé son abri canonique aux orthodoxes d'Estonie, de Finlande et de Pologne, momentanément libérés de l'emprise tsariste, ainsi que de Tchécoslovaquie, accomplissant ainsi un fort retour au cœur de ses anciennes missions médiévales. Helsinki est un cas

La crucifixion de l'Ukraine

réussi. Ailleurs, l'orthodoxie a été moins chanceuse. Tous les actes constantinopolitains d'émancipation ont été annulés après 1945 par le Kremlin une fois qu'il a eu recapturé la plupart de ces territoires avant de les replacer sous l'autorité du patriarcat moscovite. Avec une nouvelle russification à la clé, plus la mainmise des services secrets soviétiques. Mais, après 1991, la chute du mur de Berlin vient rebattre les cartes de cet impérialisme ecclésiastique.

Le premier accrochage est l'Estonie, dont l'Église orthodoxe, devenue autonome en 1923 sous Constantinople, réannexée par Moscou en 1944, entend rompre avec la soviétisation religieuse qu'elle a subie grâce à l'indépendance nationale retrouvée en 1991. En 1994, depuis la Finlande, le patriarche Bartholomée appelle les orthodoxes estoniens à la liberté. Le 4 janvier 1996, il leur adresse une lettre pastorale pour les y exhorter et, le 20 février, il restaure l'Église estonienne dans son autonomie. Le 23 février suivant, Moscou rompt la communion avec Constantinople. La situation de schisme est cependant éteinte par l'accord bancal du 16 mai de la même année qui entérine une double juridiction sur le même territoire. Moscou garde sous sa coupe les « pieds-rouges », les populations russophones implantées et qui connaissent le sort des colonisateurs naguère dominants et désormais indésirables.

Le deuxième litige survient lorsqu'en 1998, Constantinople reconnaît l'autocéphalie que Moscou avait accordée de manière unilatérale en 1951 à l'Église des pays tchèque et slovaque. Mais dans le but inverse. La dis-

La gnose de l'Apocalypse

solution, en 1993, de la Tchécoslovaquie a amené les deux Républiques qui en sont issues à demander leur entrée dans l'Union européenne, laquelle sera actée lors du grand élargissement à l'Est de 2004. Or cette même année 1998, le sommet panorthodoxe de Thessalonique débouche sur une nouvelle crise : le patriarcat moscovite, appuyé par le Kremlin, impose une déclaration qui dénonce « les relations œcuméniques, l'intercommunion confessionnelle, le syncrétisme religieux et les revendications des minorités sexuelles ». Face à cette offensive identitaire, Bartholomée parie sur l'intégration de l'orthodoxie à l'Europe.

Moscou rend coup pour coup. En Pologne, le patriarcat peut compter sur la fidélité de l'ancien ami de Nicodème de Léningrad et ex-affilié au KGB qu'est le métropolite Savvas de Varsovie. Dès 1992, contre l'Église roumaine, il a créé sa propre Église de Moldavie. En 1999, il a rouvert un diocèse à Helsinki et, en 2013, à Prague et à Bratislava, il a fomenté un putsch épiscopal de type post-soviétique. Moscou place la domination avant la foi. L'Église ? Le Kremlin ? Les deux.

Le troisième contentieux est, sans surprise, l'Ukraine. Majeur, décisif, crucial, il supplante tous les autres. Dès 1924, le patriarcat de Constantinople a remis en cause l'annexion ecclésiastique à laquelle a procédé arbitrairement la Russie tsariste. Dès 1990, il fait solennellement savoir au patriarcat de Moscou que sa juridiction doit revenir aux limites territoriales qui étaient les siennes lors de son érection en 1589, celles d'avant les conquêtes territoriales. L'année suivante, une délégation de clercs

La crucifixion de l'Ukraine

ukrainiens réclamant le retour à l'indépendance est reçue au Phanar.

Là encore Bartholomée temporise. Il vient juste d'être élu sur le siège œcuménique et s'est donné pour première mission de l'affranchir de toute tutelle. Première figure religieuse à prendre fait et cause pour l'environnement et l'écologie, il va acquérir la réputation planétaire de « patriarche vert ». Dans le même temps, il ne va cesser de réaffirmer la primauté de Constantinople, considérant qu'elle est la condition de l'unité et du relèvement de l'orthodoxie. Ce sont bien, il le sait, deux visions de l'Église mais aussi du lien à l'histoire et du rapport au monde qui s'affrontent. Depuis 1453, le patriarcat de Constantinople a été contraint d'entrer dans la société universelle de l'échange et l'expulsion des Grecs d'Asie Mineure en 1923 l'a poussé à se recentrer sur le seul Évangile. Ses tragédies successives sont aussi une bénédiction. Elles lui confèrent un sens de l'altérité que récuse non pas tant l'orthodoxie vivante en Russie, mais l'institution moscovite.

Le patriarche Bartholomée garde en ligne de mire l'autocéphalie de l'Ukraine. Ce n'est qu'une question de temps. La personnalité d'Alexis II, issu de l'aristocratie balte russifiée, qui a grandi et a été formé dans les courants réformistes de l'émigration héritiers de la renaissance théologique du XIXe siècle, tempère tout le temps de son pontificat les aspérités de cette lutte. Ce n'est plus le cas avec l'élection de Kirill qui, dès le jour de son intronisation, le 1er février 2009, se

La gnose de l'Apocalypse

pose en protecteur de l'intégrité territoriale, ecclésiale et politique de toutes les Russies.

Le pacte avec le diable

Le 23 février 2022, veille de l'invasion de l'Ukraine, le patriarche Kirill congratule le président Poutine à l'occasion de la fête du Défenseur de la patrie. Le 27, en pleine offensive, dans son homélie en la cathédrale du Christ-Sauveur, il fustige les « forces du mal » qui veulent empêcher Poutine de réaliser « l'unité de toutes les Russies ». C'est, pour les orthodoxes, le dimanche préludant le carême, dit du Jugement dernier. Sous le déluge des bombes, les calendriers civil et liturgique ne font plus qu'un dans le ballet mortifère auquel se livrent les deux derniers chef d'Église et chef d'État au monde à être issus de *l'homo sovieticus.*

Dès 1989, le plus brillant des affidés de Nicodème s'est emparé du Département des affaires extérieures de l'Église russe dont il a fait son marchepied pour conquérir, en 2009, le trône patriarcal. Kirill va rééditer le pacte de son maître, s'entendant avec l'autocratie renaissante pour réinstitutionnaliser le patriarcat, en faire un centre de pouvoir à l'intérieur et un instrument d'influence à l'extérieur. Progressiste jusque-là, il se grime en conservateur pour gagner les votes de ses pairs qu'il ne peut acheter, endosse l'anti-œcuménisme et l'anti-occidentalisme ambiants, encense la nostalgie

La crucifixion de l'Ukraine

de l'époque stalinienne et encourage la croisade contre la libéralisation des mœurs. Il entend enfin affirmer la suprématie de l'Église russe sur l'entière orthodoxie.

Les ascensions de Vladimir Goundiaïev et de Vladimir Poutine ont été semblables. Ils ont tous deux été à l'école du KGB. Or les seules institutions ayant survécu à la disparition de l'URSS sont les services secrets et le patriarcat. Qui plus est, elles ont une longue accointance. Et ces vieilles connaissances disposent dans les deux survivants qu'ils sont des sectateurs de la revanche. Le pontificat de l'un et la présidence de l'autre vont se confondre.

Le culte communiste s'étant d'un coup évanoui, il a fallu précipitamment en réinventer un. Le Parti a voulu détruire l'Église, le Parti s'est autodétruit, l'Église s'est substituée au Parti. Lorsqu'en 1997 la Douma a voté la loi érigeant les confessions historiques de Russie en religions nationales dotées de droits supérieurs aux autres cultes, réduits à des sectes, sont ainsi apparus une orthodoxie russe, un islam russe, un bouddhisme russe et un judaïsme russe reliés directement au pouvoir étatique, officiellement chargés d'animer la ferveur patriotique et de combattre la dégénérescence morale. À la manière dont le président de la Fédération réunit ses ministres, le patriarche de Moscou rassemble autour de lui le Grand Mufti, le Grand Rinpoché et les deux Grands Rabbins, conservateur et hassidique. Il fait office de ministre des Cultes dans ce Saint-Synode fédéral.

Mais, dès après 2009, pour se faire valoir auprès du nouveau tsar, le pontife nouvellement élu double

La gnose de l'Apocalypse

la mise. Il ne se contente pas de bénir la construction politico-religieuse du Kremlin, il l'anticipe, la précède, la maximalise. Pour le compte du pouvoir, il se transforme en régisseur des confessions minoritaires, en codificateur des sacralités et des mœurs, en aumônier des oligarques et des agents, absolvant d'autant plus facilement la corruption dominante qu'il accumule en parallèle une fortune personnelle. Tout en se faisant l'inquisiteur de la moindre voix dissidente. L'orthodoxie chauvine, conservatrice, cléricale qu'il façonne fonctionne comme une machine à épurer la société comme la foi.

Sa grande mission au service de la restauration impériale se joue cependant hors les frontières. Le patriarcat est la seule entité post-soviétique qui couvre encore le territoire de l'ex-URSS. Kirill va seconder l'agressivité diplomatique de Poutine. Il met en acte l'idéologie du « monde panrusse », s'assure de hiérarchies dociles en Biélorussie et en Ukraine, maintient des diocèses ethniques dans les pays baltes, au Kazakhstan et en Asie centrale, réunit les branches historiquement réfractaires de l'émigration en Occident. Au besoin en soudoyant les uns ou les autres. Mais son activisme déborde les anciens dominions. Pour affirmer, à la manière de son maître et seigneur du Kremlin, sa volonté de puissance, Kirill va doubler toutes les manœuvres de la diplomatie russe. Revenant massivement en Terre sainte, il essaiera de capter le patriarcat de Jérusalem. S'embarquant dans la guerre en Syrie, il tentera de s'inféoder le patriarcat d'Antioche. Accompagnant la division Wagner en Afrique, il s'efforcera de créer une scission au sein du patriarcat d'Alexandrie. Toute son action visera à briser l'unité orthodoxe. Pour la plus grande gloire de Moscou.

Une impossible conciliation

La lutte entre la troisième et la deuxième Rome ne peut aller sans la médiation de la première. Les travaux de la Commission mixte catholique-orthodoxe en sont l'une des arènes. En 2007, la déclaration de Ravenne sur la primauté se conclut sur un rapprochement entre Rome et Constantinople et un éloignement entre Constantinople et Moscou. Dans la quête de l'unité, c'est l'orthodoxie qui se découvre divisée et ses luttes internes constituent désormais le premier obstacle à toute avancée. Ce qui joue momentanément, sous le pontificat de Benoît XVI, pape aimé par les orthodoxes, en faveur de l'Église russe qui concentre l'attention du Vatican. C'est elle qu'il s'agit de gagner au titre de l'argument qu'inlassablement elle énonce, à savoir qu'elle compte pour moitié de l'Église orthodoxe, qu'elle seule dispose d'une véritable puissance et que rien ne pourra se faire sans elle. Quitte à réduire la démarche œcuménique à un front commun du conservatisme moral.

Face aux offensives moscovites qui visent à le déstabiliser, Bartholomée de Constantinople réplique en accélérant la convocation du concile si longtemps retardé. Dès 2010, Moscou montre qu'il ne l'entend pas ainsi. Kirill revendique une place centrale dans l'événement

La gnose de l'Apocalypse

conciliaire qui viendrait consacrer sa domination politique. Il lui faut, pour cela, régler ses relations avec Rome. Afin de se présenter comme l'égal de Bartholomée, Kirill se résout à rencontrer François. L'étrange face-à-face se déroule, en catimini, dans un salon de l'aéroport de La Havane, à Cuba, le 12 février 2016.

Le dialogue entre les deux hiérarques est de convenance, embarrassé. Visiblement les deux hommes ne s'apprécient guère, alors qu'une authentique amitié lie Bartholomée et François. Ce qui compte est la déclaration commune qu'ont longuement préparée leurs appareils diplomatiques respectifs, la secrétairerie d'État pour François, le Département patriarcal des relations extérieures et le Kremlin pour Kirill. Son contenu est d'abord géopolitique. Il consacre le principe territorial auquel s'accroche Moscou. Le troc est clair : en échange de l'extension de la protection des armées russes aux chrétiens du monde arabe qui sont unis à Rome, Rome se chargera de restreindre les revendications des gréco-catholiques en Ukraine – lesquels ne s'y tromperont pas en dénonçant, dès le lendemain, un « abandon ».

À quoi pensent alors les diplomates du Saint-Siège ? Que Moscou est l'étape obligée sur la route de Pékin. Le jésuite François ne doit-il pas être le premier souverain pontife à visiter cet empire du Milieu dont les pères de la Compagnie de Jésus avaient amorcé la conversion aux Temps modernes avant d'être trahis par les deux bureaucraties célestes, celle des Qing et celle de la Curie ? La nouvelle frontière de l'évangélisation ne se tient-elle pas là et non plus dans cette Europe recroquevillée

La crucifixion de l'Ukraine

sur elle-même ? Y a-t-il meilleur escabeau pour escalader la Grande Muraille que les coupoles du Kremlin ? À l'accord avec Moscou de 2016 répond, comme en écho, celui avec Pékin de 2018, par lequel les autorités vaticanes s'accordent avec les autorités chinoises sur le fait qu'elles nommeront de conserve à l'avenir les évêques locaux. Au grand dam cette fois de l'Église du « silence », clandestine et persécutée, qui est restée fidèle à Rome et a toujours refusé de se soumettre à l'Église « patriotique » créée en parallèle par le Parti communiste. Mais la mission a ses raisons supérieures et elles sont jugées telles dans ce cas par Rome, dont la force historique a tenu pour beaucoup dans l'abnégation de ses clercs.

Ce qui ne vaut pour Kirill. Affermi par ce semblant de victoire qui dans l'instant ne peut que satisfaire Vladimir Poutine, il renchérit de manière exorbitante sur les conditions qu'il met à la tenue du concile, à commencer par son exigence d'une représentativité proportionnelle à l'importance numérique de chaque Église. Entre-temps, sous l'effet de la crise qui a éclaté entre Moscou et Ankara à l'occasion de la guerre de Syrie, Bartholomée doit se résigner à transférer le lieu du concile d'Istanbul à la Crète. Il s'y réunira du 19 au 26 juin 2016, autour de la Pentecôte orthodoxe. Kirill va dès lors jouer son va-tout. Il refuse d'y participer et entraîne à sa suite trois Églises : la Géorgie au nom de son anti-œcuménisme déclaré, la Bulgarie au nom de son traditionnel panslavisme, mais aussi le remarquable patriarcat d'Antioche, habituellement un champion de

La gnose de l'Apocalypse

l'unité mais qui est entré dans l'orbe russe à la suite des conflits au Levant. Ce sont néanmoins la faiblesse et l'isolement de l'Église russe qui ressortent de ce bras de fer tant il apparaît qu'elle ne peut prouver sa prétention à la puissance que par son pouvoir de nuisance. Or, si le patriarcat de Moscou représente la moitié de l'orthodoxie, l'Ukraine vaut pour moitié du patriarcat. C'est là où tout a commencé que l'affaire va se régler.

Dès le 26 juillet 2008, à Kiev, lors du 1 020e anniversaire du baptême de la Rus', sur la place Sophie, face à la basilique éponyme, le patriarche Bartholomée a déclaré que l'Église a vocation de s'autolimiter afin que l'esprit de Byzance continue d'inspirer, comme il le fait ailleurs, l'orthodoxie du peuple ukrainien. En avril 2014, après l'annexion de la Crimée et les premiers combats au Donbass, il a dit être solidaire des « blessures et souffrances du peuple ukrainien ». En juin 2015, il a accueilli une délégation du patriarcat dissident de Kiev qui lui a demandé d'être reçu dans la communion de Constantinople. En juillet 2016, après le coup scandaleux que Moscou a porté à la communion des Églises, le patriarche accepte d'examiner la demande émise par le Parlement ukrainien que soit érigée une Église locale et indépendante. En avril 2018, il reçoit au Phanar la visite du président Petro Porochenko, le prédécesseur de Volodymyr Zelensky. Dans la foulée, Bartholomée abroge les dispositions de 1686 relatives au transfert de la métropole de Kiev : Moscou doit retourner en Russie.

Entre-temps, le 15 octobre 2018, le synode de l'Église

La crucifixion de l'Ukraine

russe, réuni symboliquement à Minsk, en Biélorussie, prononce la rupture des relations avec Constantinople, anathématise le patriarche œcuménique et l'excommunie. Avec l'aide du Kremlin se mettent en branle toute une machine de propagande et un travail de sape auprès des autres Églises : Constantinople a agi ainsi sous les pressions de Washington, du lobby grec démocrate qui existe aux États-Unis, des diocèses ukrainiens d'Amérique du Nord qui sont sous sa juridiction et de la Turquie otanienne d'Erdogan toujours prête à vouloir contrecarrer la Russie. Moscou en appelle à l'histoire, la diplomatie, la politique, mais jamais à la théologie ou à la spiritualité. Il n'effleure pas ses hiérarques qu'entre mille raisons Bartholomée s'est saisi de la meilleure : la juste aspiration des Ukrainiens à la liberté religieuse. Une décision prophétique.

Qui est véritablement le 16e patriarche de Moscou battu à plate couture par le 270e patriarche de Constantinople ? Le pire des paradoxes que présente le hiérarque de Vladimir Poutine est biographique. Vladimir Goundiaïev naît en 1946 à Léningrad, encore marqué par la barbarie nazie mais aussi par la cruauté stalinienne, au sein d'une lignée sacerdotale elle-même frappée par la persécution de l'athéisme communiste : son père est un prêtre qui vit sa vocation sous une étroite surveillance policière, tandis que son grand-père, déporté au Goulag des îles Solovki, est mort sous le harassement des mêmes services. Le futur Kirill choisit, lui, d'être du clergé « noir », monastique, qui ouvre la voie à l'épiscopat, au pouvoir de faire, mais qui condamne aussi,

La gnose de l'Apocalypse

dans l'implacable système soviétique, à une collaboration obligée avec le KGB. Le fréquentant, il devient guébiste. Et lorsque les guébistes se transforment en oligarques, il se fait à son tour oligarque. Il n'est pas un jouet, mais une part du système.

Obsédé par l'idée de rebâtir, grâce à l'argent des prédateurs qui vampirisent le pays, les cathédrales détruites que le maître guébiste-et-oligarque Poutine vient inaugurer, Kirill ne comprend pas que le peuple s'en détourne et les déserte. Il ne comprend pas qu'en soutenant la croisade fratricide que Poutine conduit à l'encontre de Kiev il accélère la déchristianisation de la Russie, qu'au contraire d'une légende tenace en Occident il n'a pas su enrayer. Il ne comprend pas que le diable est bête.

Pas plus que Poutine n'a prévu que les populations même ethniquement ou linguistiquement russes d'Ukraine allaient faire bloc avec la résistance nationale, Kirill n'a saisi que les évêques d'Ukraine qui lui étaient demeurés soumis allaient se désolidariser de lui pour entrer dans l'union patriotique. Et que partout ailleurs, au sein du patriarcat de Moscou, des prêtres et des fidèles allaient pétitionner contre sa trahison insensée de l'Évangile.

Le meilleur ennemi de la Russie aura été Poutine. Et le meilleur ennemi de l'orthodoxie, Kirill. Ils se suivront l'un l'autre dans la même chute. Tous deux savent d'ores et déjà que leur rêve de grandeur terrestre a tourné au cauchemar infernal. Sans Kiev, la Russie sera une Fédération parmi d'autres. Sans Kiev, le patriarcat de Moscou sera une Église parmi d'autres.

La crucifixion de l'Ukraine

Quant à Vladimir Goundiaïev, son nom sera cité parmi les apostats dans les siècles des siècles.

La diagonale de la malédiction

L'autocéphalie de l'Ukraine est actée le 6 janvier 2019 à Kiev. Trois ans plus tard, dont deux de pandémie, le 24 février 2022, Vladimir Poutine passe à l'attaque avec la bénédiction du patriarche de toutes les Russies. Son oukase est surmonté d'un Z terminal qui renvoie à ce que l'historien du sacré Walter Otto nomme le « numineux » : l'irruption de l'omnipotence qui se manifeste sans se dévoiler, suspend la raison et le sentiment à sa souveraineté, imprime dans l'intériorité la marque de sa non-humanité. Sauf que ce privilège ancestral des dieux est devenu le recours des autocrates modernes.

Comment ? Plutôt que de vouloir ausculter les recoins de son cerveau, mieux vaut écouter le fossoyeur Poutine discourir de la guerre d'Ukraine et disséquer le flot de malédictions qu'il a déversé tout au long de ses imprécations martiales. En adepte de l'arbitraire, il s'est d'abord défaussé sur la règle. Il a prétendu avoir agi contraint et forcé, n'hésitant pas à se référer à l'éthique du devoir. Imitant et détournant les principes du droit international, il s'est appliqué à couvrir d'un vernis préemptif l'illégitimité fondamentale de sa guerre injuste. Tantôt il a avancé la nécessité de protéger les

La gnose de l'Apocalypse

populations russophones et orthodoxes d'Ukraine d'une disparition programmée. Tantôt il a allégué l'impératif de prévenir l'encerclement progressif et l'assujettissement final de la Russie. Non sans doubler cet attirail d'alibis juridiques bancals et de justifications historiques brouillonnes, puisés dans le fouillis d'exergues fourni par une armada de scribes bigots. Afin de marteler que non seulement il avait ses raisons de faire la guerre, mais aussi et simplement qu'il avait raison de la faire.

Après s'être autorisé de l'ingérence humanitaire ou de la légitime défense, Vladimir Poutine est passé de l'apologie de la raison à la défense de la civilisation. Il s'est octroyé la vocation de la protéger de rien moins que de la peste brune en arguant qu'il lui revenait de dénazifier l'Ukraine, de la libérer d'un régime illicite et belliciste, réincarnation du passé hitlérien et avant-garde d'une coalition liberticide. La guerre d'hier donc en *remake* pour aujourd'hui. La justifier par l'histoire est bien, par la métahistoire mieux. Avec la bénédiction des hauts fonctionnaires du culte et l'approbation des archéo-communistes qui se déclarent désormais croyants-athées, Vladimir Poutine a alors sauté du répertoire antifasciste au registre théologico-politique. Il s'est assigné un rôle messianique à la fois saint et sacré : sauver l'orthodoxie, les religions russes et la russité, lesquelles ne feraient qu'une et seraient simultanément menacées d'extinction par la ligue des nations occidentales, fer de lance du diable et de sa dépravation de l'humanité.

C'était réveiller le trauma natal de la Russie, du mort-né qu'elle avait failli être sous les attaques de ses

La crucifixion de l'Ukraine

puissants voisins catholiques ou protestants. Ce qui était aussi fédérer, à des degrés divers, juifs, musulmans et bouddhistes russes contre le monde européen et occidental. Quitte, évidemment, à passer sous silence les traumatismes que Moscou avait à son tour infligés aux uns et aux autres. Et à mettre sous le boisseau que le témoignage de l'Évangile avait été le premier à souffrir des conflits répétés entre les confessions chrétiennes qui n'avaient pu que hâter la déchristianisation du Vieux Continent.

Mais, la politisation de la religion faisant fi de ce détail somme toute religieux, un millénaire ou presque plus tard, *bis repetita* : la Russie à nouveau seule, encerclée, exposée aux invasions à cause de l'immensité de son espace, victime du regain d'hostilité de ses ennemis de toujours, doit relever de la poussière l'étendard de la vraie foi pour lequel s'immolera une fois de plus son peuple suspendu à la croix du Christ. À cela près que le Kremlin demande cette fois à des orthodoxes russes d'aller crucifier des orthodoxes ukrainiens. Sans plus de vergogne, la religion étant nationale ou n'étant pas.

Le spectacle des ruines n'a pas arrêté l'escalade des anathèmes. Dès lors, le discours a pris des allures de Jugement dernier sous couvert d'une reddition sans condition. Il s'est fait, tel l'ange éponyme, exterminateur. Au projet initial de dénazification s'est substituée la nécessité de désukrainiser l'ancienne Petite-Russie et de refonder une Nouvelle-Russie, l'Ukraine étant littéralement renvoyée à l'âge de pierre. La libération du vrai Ukrainien-ami contre le faux Ukrainien-ennemi

La gnose de l'Apocalypse

a pris le tour d'une lutte totale contre l'Ukrainien-en soi, visant sa suppression. Soit, en suivant les termes dont Poutine mésuse jusqu'à la nausée, une sommation pré-génocidaire.

À l'issue de ce vertigineux crescendo et de cette océanique mise en abyme, l'Ukraine prise en aversion, condamnée au martyre, s'est trouvée déréalisée en une métaphore de l'Occident, objet superlatif de la haine poutinienne. Un Occident à l'image et à la ressemblance du démon, corrompu et corrupteur, moralisateur et menteur, horrible et homicide. Peu importe que, tel quel, ledit Occident relève de l'épouvantail. Ou que, comme les islamistes, le despote voie dans l'Europe le ventre mou de l'ennemi. La désignation de l'hérésiarque occidental, à la manière iranienne du Grand et Petit Satan, suffit à assigner une partie du monde, le Nord, et à agglomérer l'autre partie du monde, le Sud, en exacerbant leurs différends sur l'égalité et la justice.

Poutine espérait que le reste du monde se mettrait en rangs derrière lui. Le piège de la division bipolaire n'a pas fonctionné comme autrefois. Il a patiné. Non pas grâce à la jonction des philanthropies mais à cause de l'imbrication des économies. Pas de quoi crier à une enjambée de géant vers la paix éternelle. La guerre de Vladimir Poutine a enregistré peu d'alliés déclarés, y compris parmi ses amis présumés au Venezuela, en Iran ou en Chine ; sa cause, beaucoup de ralliés à bas bruit, de l'Équateur à l'Antarctique.

Il n'est guère contestable que l'universalité des droits de l'homme pâtit du manque d'équité et de l'excès de

La crucifixion de l'Ukraine

partialité dont peuvent faire montre certains de ses avocats, de même que la qualification philosophique de cette notion juridique peut être sujette à débat. Toutes considérations bien abstraites cependant pour qui en expérimente la violation dans sa chair. La hargne que les nouveaux autocrates professent envers un Occident fantasmagorique mais au nom duquel ils punissent des êtres tangibles, jugés coupables d'être ses ressortissants ou ses correspondants, s'adresse en fait à l'irréductibilité de la personne humaine. Laquelle vaut donc pour chaque individu ou pour aucun, à moins de vouloir trier les homoncules, avortons, larves et autres parasites pour reprendre un vocable commun aux totalitarismes de droite et de gauche. Notre dette à l'égard des Ukrainiens et au regard de leur résistance est aussi d'ordre spirituel, faute d'un meilleur mot pour dire que l'humanité se trouve en se transcendant.

Dès le départ, le conflit local que le despote a déclenché recélait une dimension globale. Celle d'une guerre planétaire qui ne dirait pas son nom. D'une lutte à mort dans l'idée. D'un renversement des équilibres dans l'effet. En fait, puisque l'on aurait tort de ne pas prendre au sérieux ce que clame Vladimir Poutine, d'une permutation entre les anthropologies. Ou plutôt d'une destitution des anthropologies existantes au profit de la sienne, cannibale.

La gnose de l'Apocalypse

Des destructions en spirale

Le sacrifice humain dont les premiers historiens des religions ont pensé à tort qu'il était une pratique courante dans les sociétés primitives est en fait la caractéristique du néopaganisme contemporain. Le siècle passé a scellé l'alliance de l'idéologie et du crime au nom de la race ou de la classe. Le ressort idéologique n'est plus. Reste l'emploi du crime. L'agression contre l'Ukraine concourt au déraillement de l'éthique commune. Le meilleur indice en est que, mis bout à bout, l'entier discours poutinien tient à chaque étape de la perspective inversée. Il consiste en un parfait retournement accusatoire des charges et des responsabilités. Cet entêtement à nier la vérité, à la subvertir, à la travestir mécaniquement en son contraire jusqu'à ce qu'elle s'épuise dans la flagrance du mensonge éhonté relève, en spiritualité comme en littérature, de la catégorie du dédoublement démoniaque. Il a atteint son acmé lorsque Vladimir Poutine a juré de néantiser un pays au nom du risque existentiel que ce dernier représenterait pour un autre pays au sein duquel lui-même ne se lasse pas d'éradiquer le moindre signe de vie.

Sinon, à moins de cette volonté d'un conflit total, comment expliquer que Vladimir Poutine ait manifesté la même endurance dans le mal en Russie et en Ukraine, traçant entre elles un trait d'union mortuaire ? Son entreprise d'extinction préalable de toute voix contestataire ? Son annonce de l'élimination des traîtres et

La crucifixion de l'Ukraine

des lâches ? Sa commande au patriarche Kirill d'homélies prêchant la croisade contre les forces obscures et hostiles ? Et son saut suicidaire dans le vide, l'arme nucléaire au poing ?

L'exterminateur de l'Ukraine est aussi le liquidateur de la Russie. Et le preneur en otage de l'ensemble des nations. Poutine n'a qu'à piocher dans les annales pour rehausser son projet des étincelles de l'immutabilité et prescrire le retour glorieux à l'origine. Le missile intercontinental RS-28 dit aussi Satan 2 dont il s'enorgueillit porte le nom du peuple ancestral, cavalier et nomade, les Sarmates, qui a légendairement établi un règne de mille ans sur la steppe, prélude au millenium que lui-même entend instaurer. Sur sa suggestion, une Église naguère persécutée par les services dont il fut un agent a fait de Séraphin de Sarov, émule slave de François d'Assise, le saint patron de la méga-bombe atomique russe. Dans la religion poutinienne du pouvoir, la militarisation de la société ne concerne pas que l'économie. Elle englobe aussi bien l'archéologie que la liturgie. Et le reste. L'inflation mémorielle, la censure historique et le vandalisme culturel vont, sans surprise, de pair.

Tout est à l'avenant dans l'orchestration de ces réminiscences controuvées, dénaturées selon la circonstance et l'opportunité : la victoire de l'URSS sur les puissances de l'Axe, la sortie de la Russie tsariste vers les confins, le désenclavement de la Moscovie assiégée, l'onction de la foi orthodoxe à Kiev. Adieu, toutefois, le baptistère de toutes les Russies ! L'ordre venu non pas d'en haut mais d'ailleurs, de quelque abîme souterrain, est qu'il

La gnose de l'Apocalypse

faut le raser. On a connu meilleur credo et meilleure dévotion.

La remontée dans les siècles s'achève dans le lieu du commencement mais aboutit à vouloir obstinément le détruire. C'est par ce paradoxe inouï que l'on entre dans la cale aux machines de la néo-religion poutinienne. La gémellité et les querelles qu'elle cause occupent les récits mythiques des origines. Caïn tue Abel, mais le cultivateur l'emporte sur le chasseur condamné à l'errance. Romulus tue Rémus qui a franchi le sillon sacré, mais le sang dont il l'a abreuvé en fait un rempart qui ne sera pas éternel. Jacob ne tue pas Ésaü, il le déposséde par la ruse de son droit d'aînesse mais doit fuir sa colère assassine. La fonction du meurtre sacré, nous le savons par René Girard, est de nous cacher qu'en raison du principe de rivalité mimétique, toute fondation est une refondation. Celle dont rêve le maître du Kremlin ? Sans doute, mais insuffisant.

L'abolition de la durée et de la distance sous les feux roulants de l'invasion suggère une autre logique d'usurpation. C'est à Vladimir premier, le « soleil flamboyant », le fondateur idéalisé de toutes les dynasties ultérieures, qu'entend se substituer Vladimir dernier, le « soleil noir ». Substituer à un ordre chronologique avéré un ordre ontologique cauchemardé dénote une autre ambition que la tyrannie. Changer le temps n'est pas modifier l'espace. L'effort se fait alors démiurgique. Il emprunte à Dieu son pouvoir créateur et le singe.

Dans l'imagerie poutinienne, une enluminure a supplanté, au fil du temps, le judoka, le cavalier, le pilote, le

La crucifixion de l'Ukraine

trappeur, le bikeur et autres ex-voto du mâle conquérant. À Noël, à Pâques, à la Pentecôte, la télévision d'État le montre dans l'une des églises de l'une de ses nombreuses datchas, debout, seul, cierge à la main devant l'iconostase qui cache le prêtre et le chœur mais laisse monter leurs hymnes. Vladimir Poutine tutoie l'Éternel qui lui délègue la gestion de l'éternité.

Le soleil noir

C'est bien à un duel qu'aspire le despote, mais cosmique. Cette dimension eschatologique unit les idéologues d'hier convoqués à la rescousse pour combler le vide idéologique d'aujourd'hui et dont Michel Eltchaninoff a dressé le pertinent recensement. Reste à discriminer les rouages de ce remplacement de la théorie univoque du marxisme par des rhétoriques multiformes mais toutes antimarxistes. À moins que cette commutation ne soit qu'apparente.

Réactionnaires ou conservateurs avant 1917, anticommunistes ou antimodernes après 1917, slavophiles ou panslaves, panorthodoxes ou eurasiens, tous ces auteurs exhumés des listes de la censure soviétique sont des métaphysiciens. Peu ou prou. Alternativement dans le cas de Nicolas Berdiaev, l'un des passagers du « bateau des philosophes » *via* lequel les Bolcheviks ont expulsé en 1922 les intellectuels indésirables et qui hésitera sur les bienfaits involontaires du bolchevisme. Radica-

La gnose de l'Apocalypse

lement dans le cas d'Ivan Ilyne, compagnon d'exil du précédent et qui, par positionnement antithétique et sans craindre l'oxymore, prendra fait et cause pour le « fascisme chrétien ». L'antagonisme semble maximal. Et la récupération malaisée. Sauf que l'arrière-fond est le même.

Les plus anciens de ces auteurs n'ont pas connu le communisme mais ont volontiers théorisé la commune idéale russe. Les plus récents en ont été les contemporains et ont durci leur opposition au socialisme soviétique au fur et à mesure de son édification, mais d'abord au titre de sa contrefaçon de la société idéale russe. Ces idéalités sont à leurs yeux singulièrement russes parce que la Russie, autre point qu'ils ont en commun, est orthodoxe. Toutefois, parce qu'il y va précisément d'idéalités, l'orthodoxie à laquelle ils renvoient ne correspond pas à une confession de foi mais à un fait de civilisation. En l'occurrence l'orthodoxie-russe, tentation à laquelle succombera Dostoïevski quand il s'essaiera à la chronique géopolitique. Alors que le Russe Alexandre Soljenitsyne, qui aima l'Ukraine, jugea que n'importe quel affrontement entre la Russie et l'Ukraine serait une folie, a lavé toute cette idéologie de son idolâtrie.

Il n'empêche. L'idolâtrie religieuse est là. Passée au tamis totalitaire, elle constitue un premier sas pour la réadoption de cette littérature de combat afin de lutter contre la grande dépression idéologique qui étreint l'univers post-communiste. Ce n'est pas le seul, car, passerelle encore plus infuse, ces contestataires ont pour trait d'union, entre eux mais aussi avec leurs adversaires, de penser dans les termes de l'idéalisme allemand qui, dans la suite des années 1800, a conquis Moscou avec plus de réussite que Napoléon. Marx a renversé Hegel qui renverse à son tour Marx : à partir des années 2000, dans les bibliothèques d'État, tandis que les surplus du *Manifeste* sont livrés au pilon, les photocopieuses naturalisent les opposants du passé en partisans du présent. Par-delà les différences de vocabulaire, la même grammaire se poursuit.

Laquelle ? Elle s'opère en trois mouvements. D'abord, par la parenté structurelle entre le marxisme et le manichéisme : l'affrontement entre le Bien et le Mal est radical, la connaissance de leur irrémédiable antagonisme initie le salut et leur stricte division le rend effectif, ce schéma primaire et binaire ayant permis la multiplication foisonnante des gnosticismes au gré des cultures qu'il a investies et à l'instar de la diversité des nationaux-communismes. Ensuite, par le lien génétique du marxisme avec la mutation des théologies de l'Être en des théodicées de l'Histoire que le moine hérétique Joachim de Flore a enclenchée au Moyen Âge avec sa théorie des trois règnes : à celui biblique et passé du Père, à celui évangélique et provisoire du Fils, doit succéder celui spirituel et futur de l'Esprit, mais dont il faut accélérer la venue, autre schéma promis à une grande postérité. Enfin, par la confusion symbolique entre les temporalités du communisme marxiste et de la communion orthodoxe : la Société parfaite est à venir mais le Royaume céleste est déjà advenu, la liturgie eucharistique commémorant d'ores et déjà le second

La gnose de l'Apocalypse

retour du Christ, le Jugement des morts et des vivants, la consommation de l'univers créé et son passage dans l'incréé. Cette grammaire aux éléments hétéroclites mais à l'efficacité surpuissante est celle de l'éternisation contre l'entropie. Ce n'est pas que Poutine la possède, mais elle le possède.

C'est en ingénieur que le despote du Kremlin entreprend de recoller les héritages de Pobiedonostsev et Netchaïev. L'autocratie reconstitutive sera impériale et orthodoxe. Son action sera manichéenne, eschatologique et terroriste. La différence, s'il faut en chercher une, entre l'État poutinien et l'État islamique, de même qu'entre les degrés de notre angoisse, se résume à un chiffre et à un mot : 6 255 ogives. Les cosmodromes, puisque tel est leur nom, où elles sont empilées dans l'attente de la grande alerte finale ne font pas seulement de Moscou la première puissance nucléaire au monde mais une poudrière planétaire. En rompant avec le principe de la dissuasion, en se réservant la possibilité de frappes tactiques limitées, Vladimir Poutine a su imposer, mieux qu'Oussama ben Laden ou Abou Bakr al-Baghdadi, l'empire de la terreur. Le nihilisme est divers en apparence, étale au tréfonds.

À la fin des fins, c'est sa propre gnose de la bataille ultime entre les ténèbres et la lumière qui guide Vladimir Poutine. Elle n'est ni chrétienne et orthodoxe (du tout), ni slave ou russe (ou si peu). Le monde présent est mensonge. Le monde futur s'impatiente. La descente dans l'enfer est la condition pour l'accession à la parousie. L'une et l'autre participent de la même apothéose du fer et du feu. En attendant, Prométhée revivifié chevauche le Sarmat aux multiples têtes létales sur le périmètre de la Terre, prêt à distribuer à son gré les peines terribles qui sont leur juste lot aux damnés de toujours, prédestinés à être dévorés par les mille gueules de la Bête.

Une exagération ? Écoutons-le une dernière fois commenter la possibilité de l'apocalypse : « La capacité de sacrifice de nos adversaires est nulle comparée à la nôtre. Rien ne nous fait peur. Notre agresseur doit savoir que nous, nous irons au paradis en martyrs, tandis que lui crèvera sans avoir eu le temps de se repentir. »

C'est bien aussi pour nous que meurent les Ukrainiens lorsqu'ils disent non à cette profession de foi dans le néant.

Épilogue

La guerre ? À Kiev, des croyants, hier irréconciliables, prient ensemble pour la paix. C'est la première fois depuis mille ans. Et un signe pour l'Europe, au lendemain si incertain. L'Ukraine ? Qui veut comprendre ce qu'elle est doit remonter plus loin que l'époque contemporaine ou l'ère moderne pour saisir le destin collectif que recouvre ce nom. Mouvant dès les origines, il a été régulièrement empêché par la suite et ne s'est mis en quête d'une forme politique achevée que tardivement pour ne la trouver que très récemment, en 1991. Au sens strict, l'Ukraine que nous connaissons, en tant qu'idée et projet, réalisation et réalité, a participé de l'essor des révolutions et des constructions nationales qu'a connues l'Europe dans la deuxième partie du XIXe siècle. C'est à ce moment-là, afin d'unifier les parlers et les graphies des bassins du Dniepr et du Dniestr, qu'est créé un alphabet distinct du russe quoique également inspiré du cyrillique. À ce moment-là aussi que le poète et artiste romantique Taras Chevtchenko confère aux cultures locales une ambition littéraire et picturale à

La crucifixion de l'Ukraine

caractère universel. À ce moment-là, enfin, que la lutte générale contre l'autocratie et le servage, ces maux qui infectent l'entier Empire tsariste, prend l'allure d'un combat singulier et séparé pour l'identité politique dans cet entre-deux religieux. Avec pour but d'édifier un État-nation sur le modèle occidental mais qui ne découle pas naturellement de la genèse orientale de l'entité qu'il est censé structurer, plus nativement et durablement diverse que ce cadre en théorie ne l'admet.

Comme tout éveil national, il y est d'abord allé d'une collecte de réminiscences qu'il s'est agi de réordonner à une finalité. Laquelle, dans les temps passés, n'a rien eu de mécanique – pour autant, d'ailleurs, qu'elle fut perçue jadis ainsi qu'on désire qu'elle le soit dorénavant, les rétrospections de ce type s'exposant à l'uchronie et encourageant les anachronismes. L'écriture russe ou prorusse de l'histoire s'est attachée hier et s'acharne aujourd'hui à nier la particularité de l'Ukraine, à l'annexer comme un sous-ensemble de l'empire qui s'est donné pour centre sacré Moscou en substitution de Kiev. La guerre qu'a déclenchée le Kremlin en 2022 a rendu abominable une telle perspective et ce n'est que vérité qu'elle soit jetée aux poubelles des mythologies meurtrières.

En ce sens, et en dépit du prix démesuré que lui coûte l'aventure de sa liberté, l'Ukraine œuvrant à son anamnèse pourrait délivrer la Russie de l'amnésie et de l'hypermnésie qui l'encagent, des affres mémorielles qu'elle s'inflige et dont elle tourmente le reste du monde, sa sœur présumée en premier. C'est l'hypothèse haute,

Épilogue

la basse étant une hostilité entre les deux peuples à la longévité accrue par les ossuaires.

La réécriture ukrainienne ou pro-ukrainienne contemporaine, qui court depuis cent à cent cinquante ans, rectifie opportunément la réinterprétation russe, soviétique ainsi que le révisionnisme poutinien. Sauf lorsque, essentialisation contre essentialisation, elle en vient à produire ses propres altérations, pile à l'inverse de celles qu'elle dénonce. De la piété nationale à la passion nationaliste, l'Occident ne le sait que trop, la pente est glissante. Dans l'épreuve du feu, ce creuset des peuples, les Ukrainiens ont héroïquement gagné des droits sans nombre assortis toutefois d'un devoir, l'équité.

Le troc entre une Russie immuable face à une Ukraine insignifiante et une Ukraine intangible face à une Russie inconsistante ne serait à l'avantage de personne. Surtout pas de l'Europe qui en ressortirait encore plus instable. On peinera ainsi à faire de la renationalisation de Nicolas Gogol en Mykola Hohol un exemple de juste réappropriation, alors que l'écrivain d'origine ukrainienne et de langue russe est précisément une expression du lien multiséculaire entre les deux cultures. Est-il à nous, est-il à eux ? Les ukrainophones stricts auront à lire en traduction son épopée sur le Cosaque Tarass Boulba qui n'a d'ennemi que polonais et qui meurt en défendant l'orthodoxie, sans doute la vraie patrie de cet écrivain consumé par la mystique byzantino-slave.

Cette mystique n'est ni russe ni ukrainienne. Ou alors elle est aussi bulgare, serbe, macédonienne, roumaine, slovaque, biélorusse. Surtout, elle transcende ces

La crucifixion de l'Ukraine

épithètes et consiste en une transfiguration par plus grand qu'elle. Enfin, elle est universelle ou n'est pas. Cette mystique, celle des fols-en-Christ, des ermites des forêts, des starets compatissants, du petit peuple fervent, reviendra-t-elle des ténèbres des charniers d'hier, du carnage d'aujourd'hui pour, à sa juste place, témoigner parmi nous et pour nous qu'il est un autre soleil ?

Demain, une fois que cette guerre qui risque de languir sera véritablement achevée, sans doute après de nombreux faux répits, il nous faudra contribuer à un double effort. Aider l'Ukraine à se reconstruire, aider la Russie à se réparer. Ce qui n'est pas créer une fausse égalité, mais savoir qu'il n'est de paix souveraine que partagée. Il faudra aussi que l'Europe trouve la force de renvoyer l'Amérique à domicile, de l'autre côté de l'Atlantique, afin que toute cette hécatombe ne soit pas passée par pertes et profits à la faveur d'une nouvelle domination impériale. Et parce qu'il serait tragique que les Ukrainiens finissent par n'occuper qu'un strapontin dans le marché global qui dispense des biens n'engageant pas le Bien. C'est la vérité qu'ils méritent et non pas l'avilissement auquel reviendrait l'achat de leurs réels défunts en échange de fausses béatitudes. Leur révolution ne pourra aller sans la nôtre.

Le pouvons-nous ? Le voulons-nous ? C'est un lourd et exigeant programme. À dire vrai, l'excitation fascinée qu'a produite une cause ardemment nationale entraînée dans une lutte terrible pour la vie ou pour la mort chez les Européens de l'Ouest qui se pensaient revenus de toute illusion, oui, cette fièvre sacrale n'incite guère à

Épilogue

l'optimisme. Comme le notait Arnold Toynbee, « les civilisations ne meurent pas, elles se suicident ». Le piège ultime de Vladimir Poutine aura été de revivifier la guerre millénaire des religions qui a fait et défait notre continent au point d'en épuiser les réserves spirituelles afin de nous faire croire que tel est notre destin. Circulaire. Pour l'éternité.

Comment échapper à cette impression fatale ? Comment nous ressourcer ? L'image du Christ-Roi est la tentation de tous les messianismes, y compris de ceux qui affectent de la dépasser par quelque sagesse se voulant circonscrite aux limites de la contingence et qui, malgré tout, idolâtrent cette contingence. Après tant de théologies politiques, il est temps de rendre la théologie à la théologie. Et au Christ, sa couronne. Nul autre que lui ne peut la porter. Elle est d'épines. Il ne l'arbore que pour monter au Golgotha, là où le Fils de Dieu doit éprouver l'abandon de Dieu pour que tout soit à jamais consommé dans son unique sacrifice. Afin qu'aucun homme, aucun peuple, n'ait à crucifier un autre homme, un autre peuple, dans l'idée d'assouvir le Diviseur qui, nous dit l'Évangile, est le « géniteur du mensonge ».

Table

Prologue 9

Aux sources du schisme 19

La fracture continentale, 21. – Byzance mystifiée, 23. – L'empereur, le pape et le patriarche, 27. – L'ombilic de l'univers, 31. – Rixes théologiques, 34. – Les cités de Dieu, 37. – Dernier venu, premier appelé, 41.

L'inexpiable croisade 45

De quoi le filioque est-il le nom ?, 46. – Le Saint-Esprit n'est pas une colombe, 51. – Azyme plat et pain levé, 54. – 1054, année fictionnelle, 57. – Sous la dictée pontificale, 62. – Face au Prophète, 66. – Le sac de Constantinople, 68. – Du vol au viol, 73.

La ruée vers l'est 77

Entre le Dniepr, la Neva et la Moskova, 78. – L'union des adieux, 83. – Empereurs et

La crucifixion de l'Ukraine

moines, 88. – Vigile spirituelle, 94. – La fin des temps, 98. – Une passation schizoïde, 103.

L'Église impériale des Russies 107

Le martyre du métropolite, 110. – De flamboyants non-possesseurs, 116. – Vieux-croyants, éternels rebelles, 121. – Un patriarcat mort-né, 125. – Retour à la case départ, 129.

La bataille pour Kiev 133

Sang pour sang, 134. – Premières escarmouches, 137. – La percée cosaque, 140. – Depuis la Terre sainte, 144. – Russification, 147. – L'autre Ukraine, 150.

En passant par la Crimée 157

Un défroqué pour agent, 158. – Entre Bouddha, Allah et Yahvé, 161. – Le projet grec, 164. – Quel gendarme pour quelle Europe ?, 168.

Jérusalem, tombeau des empires 173

Une mission royale, 174. – Saint François et les gardiens, 177. – Paris tout contre Rome, 180. – Des roubles par millions, 182. – Une nouvelle étoile est née, 184. – Meurtres au Saint-Sépulcre, 189. – Sus à l'hérétique !, 193. – Qui gagne perd, 196.

Table

Nos oublis et dénis 199

L'illusion des retours, 200. – Un biais sacré, 202. – Du malentendu à la méprise, 204. – La disjonction des mémoires, 207. – Un Occident imaginaire, 209. – Des négligences à l'imprévoyance, 213. – L'aveuglement, 219. – Silence sur le crime, 222.

La gnose de l'Apocalypse 227

Slavophile ou occidentaliste ?, 229. – Eurasien, alors ?, 233. – Le catéchisme nihiliste, 236. – De l'holocauste au concordat, 239. – Manipuler les nationalités, 242. – La trahison du haut clergé, 246. – À l'Est, du nouveau, 250. – Le pacte avec le diable, 255. – Une impossible conciliation, 258. – La diagonale de la malédiction, 264. – Des destructions en spirale, 269. – Le soleil noir, 272.

Épilogue 277

DU MÊME AUTEUR

Livres

Le Jour de la Colère de Dieu, Lattès, 2000.
Le Silence des Anges, DDB, 2002.
Dieu est américain : de la théodémocratie aux États-Unis, Fayard, 2006 (Lexio, 2019).
L'Apocalypse russe : Dieu au pays de Dostoïevski, Fayard, 2008 (Lexio, 2021).
Le Paradoxe persan : Un carnet iranien, Fayard, 2009 (Lexio, 2020).
Vingt siècles d'art, la Bible de Jérusalem illustrée, Le Cerf/RMN, (direction), 2009.
Les hommes en trop : la malédiction des chrétiens d'Orient, Fayard 2014 (Pluriel, 2018).
Aveuglements : religions, guerres, civilisations, Le Cerf 2018, (Lexio, 2019)
La Religion française, Le Cerf, 2019 (Lexio, 2021).
Le Sabre et le Turban : jusqu'où ira la Turquie ?, Le Cerf, 2020.
République ou barbarie, avec Régis Debray et Didier Leschi, Le Cerf, 2021.

Films

Le Silence des Anges, Artline-Arte, 1999.
Les Cités de Dieu, Washington, Rome, Moscou, Jérusalem, Artline-France 3, 2000.
Le Temps des Juges, Artline-France 3, 2003.
Trois chrétiens face à l'histoire, CFRT-France 2, 2006.
Iran, une puissance dévoilée, 1908-2008, Artline-Arte, 2009.
Adieux Camarades, Artline-Arte, 2011.
Turquie, nation impossible, Artline-Arte, 2019.

Composition Nord Compo
Impression CPI Firmin-Didot en décembre 2022
Éditions Albin Michel
22, rue Huyghens, 75014 Paris
www.albin-michel.fr
ISBN : 978-2-226-47660-9
N° d'édition : 25107/04 – N° d'impression : 173205
Dépôt légal : octobre 2022
Imprimé en France